16	3	2	13
5	10	11	8
9	6	7	12
4	15	14	1

Chacal

TUDO (E MAIS UM POUCO)

Poesia reunida (1971-2016)

editora 34

EDITORA 34

Editora 34 Ltda.
R. Hungria, 592 Jardim Europa CEP 01455-000
São Paulo - SP Brasil Tel/Fax (11) 3811-6777 www.editora34.com.br

Copyright © Editora 34 Ltda., 2016
Tudo (e mais um pouco) © Chacal, 2016

A fotocópia de qualquer folha deste livro é ilegal e configura uma apropriação indevida dos direitos intelectuais e patrimoniais do autor.

Edição conforme o Acordo Ortográfico da Língua Portuguesa.

Agradecimentos a Augusto Massi, Charles Cosac,
Eloah Pina Pereira e Júlia Schwarcz.

Capa, projeto gráfico e editoração eletrônica:
Bracher & Malta Produção Gráfica

Revisão:
Milton Ohata

1ª Edição - 2016 (1ª Reimpressão - 2021)

CIP - Brasil. Catalogação-na-Fonte
(Sindicato Nacional dos Editores de Livros, RJ, Brasil)

C664t   Chacal, 1951
        Tudo (e mais um pouco):
        poesia reunida (1971-2016) / Chacal —
        São Paulo: Editora 34, 2016 (1ª Edição).
        408 p.

        ISBN 978-85-7326-629-0

        1. Poesia brasileira. II. Título.

CDD - 869.1

TUDO (E MAIS UM POUCO)

Apresentação	9
Alô poeta (2016)	11
Seu Madruga e eu (2015)	25
Murundum (2012)	43
Belvedere (2007)	59
A vida é curta pra ser pequena (2002)	73
Letra elétrika (1994)	143
Comício de tudo (1986)	185
Drops de abril (1983)	203
Boca roxa (1979)	215
Nariz aniz (1979)	231
Olhos vermelhos (1979)	247
Quampérius (1977)	261
América (1975)	299
Preço da passagem (1972)	313
Muito prazer, Ricardo (1971)	333
Uma história à margem (2010)	349
Bibliografia de Chacal	381
Índice dos poemas	392
Sobre o autor	407

À FLORA

APRESENTAÇÃO

Tudo (e mais um pouco) é força de expressão. Força da minha expressão nesse mundo. A cada dia, a coisa nasce, cresce, explode e renasce outra. A gente fatia em sílabas e reúne aqui, ali, como fiz em 1983 com o *Drops de abril* (Brasiliense) e em 2007 com o *Belvedere* (Cosac Naify). Agora esse *Tudo* que incorpora outras miragens, outros cristais. A começar (ou terminar) com *Uma história à margem*, uma autobiografia coletiva. O que era para ser apenas a introdução do *Belvedere* virou livro, virou performance, que é a melhor forma de se contar uma história, com o corpo, a voz e todos os tiques e truques. E ainda rendeu dois curtas-metragens. Aqui nesse *Tudo*, trago o texto da peça que serve como outra forma de expressar esse silêncio ensurdecedor.
Nesse *Tudo* cabem também quinze poemas do *Murundum*, livro de 2012, lançado pela Companhia das Letras. "Alimento para as novas gerações", como queria Waly Salomão, magomestre nessa estrada. Tem também o épico *Seu Madruga e eu*, que representa um surto esquizofrênico de araque em que me olhei no espelho e vi Seu Madruga. Essas reflexões viraram plaquetes e saíram em microedições

pela 7 Letras, do Rio, e pela Jovens Escribas, de Natal. E abrindo (ou fechando), *Alô poeta*, uma série de poemas para quem exerce a palavra.

Chacal
Rio, maio de 2016

ALÔ POETA

(2016)

p/ tereza seiblitz

ALÔ POETA (1)

escreve muito, escreve pouco, escreve bem.
escreve nunca, escreve sempre, escreve bem.
escreve lento, escreve rápido, escreve bem.
depois levanta, vai ao cinema, ao teatro
tira uma música para dançar
depois senta e escreve bem.
até o cansaço, até o colapso, escreve bem.

ALÔ POETA (2)

o mercado quer te regular.
mas a vida não tem manual.
invente-se!

ALÔ POETA (3)

depois a paz, o amor, lucy in the sky
felicitudo de bom

mas antes... antes você já sabe:
o ranger de dentes, o degredo, as galés.
a escritura! a escritura! a escritura!

ALÔ POETA (4)

primeiro: escreve muito, escreve pouco, escreve bem.
depois, veja o que acontece.
aí, mesmo que chore, ria. (relaxa os músculos da cara.)
se fores um rebelde revolucionário
e quiser explodir esse mundo patriarcal capitalista,
não esqueça de tirar o MEI (Microempreendedor Individual).
pode ser útil.
mas não esqueça. primeiro: escreve bem.

ALÔ POETA (5)

primeiro escrever bem
depois, ver o que acontece.

ALÔ POETA (6)

deixa que digam que pensem que falem.
escreve bem.
o sistema quer te enquadrar, rotular e jogar na produção
mas a vida não tem passo a passo.
é tudo ao mesmo tempo aqui agora.
vira a mesa. chuta o balde. escreve bem.

ALÔ POETA (7)

primeiro escreve bem. depois por curiosidade e necessidade
você quer acessar o lugar onde os poetas são reconhecidos.
depois de muitas harpias, tritongos, górgonas, hipérboles,
hiatos, você chega ao castelo da letra gloriosa.
você passa pelo cão de guarda e entra na primeira porta.
cinco velhinhos velhérrimos se aproximam de ti.
"— bem vindo, mocidade. nós somos os que escolhem os
ganhadores de concursos variados. distribuímos llllaureasss.
seguimos os ditames da academia e zelamos pelo cânone.
aqui e ali, alguma ironia, para apimentar essa sopa insossa."
há um cheiro de mijo de gato. oferecem um copo de
groselha. pula fora.
na outra porta será recebido por representantes do povo,
dos movimentos sociais, das ligas campesinas. "— avante,
companheiro! aqui te abraçamos como legítimo membro da

causa revolucionária. nosso cantor dos versos inflamantes. hasta!" ali uma estante com alguns poucos livros. todos sobre a teoria da revolução, a luta dos oprimidos. poesia nenhuma. rala peito.

entre em mais outra. jalecos vêm te cumprimentar.

"— science! science! saudações matemáticas. aqui terás sempre a simpatia de quem sabe silabar e criar um alexandrino ou um poema verbivocovisual perfeito. não valorizamos o que neles se escreve. nos importa a forma, a forma, a forma." dá meia-volta e mete o pé.

entre na quarta porta. serás recebido por paparazzi editores jornalistas. se apresentam:

"— bom dia, provedor de conteúdo, nós te celebreditaremos na medida que você sempre saia bem na foto, inventando moda de acordo com os estatutos dessa nossa gafieira pop. nessas gavetas estão o público que você deseja." e enquanto correm para fazer seu perfil e a resenha de seu livro, você sente o cheiro de enxofre e rapa fora.

volta pro teu poleiro e escreve bem. escreve obsessivamente. é o bastante. quando de repente a luz do teto se acende sozinha. você olha no reflexo do monitor. você se reconhece. é o bastante. volta a escrever.

escreve bem.

ALÔ POETA (8)

primeiro você já sabe
depois vê o que acontece

pode ser que alguém leia e curta
todos podem passar batido
pouco importa

é ali no corte e costura do texto
construído ou distraído
trocando ideia com outros poetas
ou falando com seus fantasmas
que está a onda o prazer

mas primeiro escreve bem
e vê o que acontece
só você vai saber o que fazer com isso

ALÔ POETA (9)

primeiro escreve bem
depois vai procurar sua turma
faz um zine
inventa uma banda
cria um sarau
mas antes, escreve, escreve
e fala bem porra

ALÔ POETA (10)

tudo beleza? escrevendo como nunca? inseguro como sempre?
é assim mesmo. depois piora.
conecte tuas maltraçadas à vida
mesmo que ela não seja linda, mesmo com a coisa feia.
respira fundo e escreve.
escreve bem.

ALÔ POETA (11)

ué! por que parou por quê?
nem vem que a musa viajou
vc tá na fase experimental
e aí tudo é treino, exercício.
ah sim agora é hora da leitura fundamental
dos gigantes, médios ligeiros e mindinhos
então enverede-se!

lembra o seguinte:

"não adianta escrever bem
se vc não tem o que dizer.
se vc tem o que dizer
é bom escrever bem.
ler ler ler ler ler
livros que são de lei
livros que são de ler
para melhor escrever."

escreve bem.

ALÔ POETA (12)

hoje é sábado. você continua a escrever.
isso é bom. é favorável. é formidável.
você já ouviu o que você está escrevendo?
então pausa a escrita e fala o escrito.
cria dinâmicas. ritmos. ruídos. silêncios.
decora seus textos. repita-os à náusea.
dá pra limar uma sílaba ali uma palavra lá.
o poema, poeta, merece todo o cuidado, o vigor
na hora de fazê-lo circular (livro é apenas partitura).
em público, potência no corpo, segurança na voz.
o desejo de fazer sua reza ser nunca menos que a música.
nunca menos que a música. nunca menos que a música.
fazei valer seu amor, seu som e sua fúria, carajo.
mas antes de tudo, escreve bem.

ALÔ POETA (13)

continuas na lavoura? isso aí. ara. ara. ara.
"minhocas arejam a terra; poetas, a linguagem"*
se agrorrefloreste. esse é o seu alimento.

aqui vim apenas pra te mandar essa letra:
a língua é sua brother. a palavra é seu sister.
não estão aí pra te humilhar, nem te reprimir.
vieram para te ajudar a desenhar uma ideia,
fisgar o peixe que voa.

você não escreve para gramáticos ou catedrais.
é muito comum confundir a 2^a e a 3ª pessoa do singular
e cometer um erro de concordância.
ainda bem, poeta, ainda bem.
você veio mesmo pra discordar.

---

* Manoel de Barros.

ALÔ POETA (14)

escrevendo ainda? for sure!
entonces escreve bem e escuta
não que a vida seja uma planilha excel
mas também pode não ser essa maloqueria
jamais abolir o acaso, mas quando ele vier
estar centrado para percebê-lo e abraçá-lo
o corpo, esse excelente e adorável corpo
dá-lhe um trato: escova os dentes
penteia o estômago respira fundo
o poema tb vc pode ajustá-lo
prefira as essências
atinja o outro na medula
o tempo como o corpo e o poema
também vc pode diagramá-lo
fora compromissos inúteis
overdose de informação
então o que aparecer
será apenas o precioso e desejado acaso

SEU MADRUGA E EU

(2015)

ando assustado. estou cada vez mais parecido
com seu madruga.

crise de identidade: tenho ímpetos de parar
as pessoas na rua e perguntar se eu sou
o seu madruga.

eu sou o seu madruga.
eu não sou o seu madruga.
ando confuso.

estando eu sentado em pé no baixo gávea, passa
seu madruga.
ele me encara e diz:
— quero deixar claro pra vc uma coisa: eu sou eu.
e vc é vc. certo?
— até aí tudo bem, seu madruga. mas quem sou eu?
— você eu não sei. mas eu sou o outro. eu sou o
outro hahahahahaha
e enveredou por decote alheio.
fiquei pensando: se ele é o outro, então eu sou ele.
mas quem é eu?
pedi um fogo paulista.

al
gum
al
guém

mas
quem
?

era quase amanhã. liguei pro seu madruga.

— liguei pra te desejar um 2015 formidável.
— agradecido deveras. mas quem está falando?
— sou eu.
— eu quem?
— você.

desligamos juntos.

tem um paspalhão que se faz passar por mim.
ele disse hoje que quer ser uma lhama, um inca.
ele não regula bem. deletem-no. seu madruga
só existe um. eu.

— qual é, seu madruga?
— nananada beeeemmm.
— que que houve?
— trataumamititizzzzeeii. aaachooo quee ttteeemmmm algaguialguém memetitido aaaa mmiimmm meeetttiiidooo eemmm mimmm.
— ah seu madruga, deve ser o calor, o sol, a solidão — disse-lhe eu já pegando pista. — até!
— aaaatettéééééé!

não sou índio, negro, nem gay
nem ninja, black bloc, anarquista
não sou da femen, yakuza, greenpeace
afinal quem sou eu? porra quem sou eu?
alguém que tosse no fundo da cena.
seu madruga?

fronteiriço, borderline, mestiço, mameluco,
caboclo, mulato, marginal, ali onde tudo se
elabora, antes do nome ou da classe. furta-cor,
na penumbra, seu madruga, ainda e sempre
inconcluso, vou.

mi quei
mim quem
nin guém

(ando assustado. estou cada vez mais parecido
com o arnaldo antunes).
seu madruga ouve e diz: — sai de mim, invasor!
liberta-me de ti!

olho no espelho e vejo seu madruga. será que
ele me vê?
— seu madruga, o senhor me vê?
silêncio. desespero.

toca o celular. atendo. uma voz diz:
— nem te ligo.
e desliga.

hoje vou sair no tchetcheca do engenho de dentro
lá tudo cheira a jasmim
e os tico-ticos pirilampam por entre as pétalas
no tchetcheca as dobrinhas suadas das sainhas plissadas
necessitam da minha atenção
por isso hoje vou para o tchetcheca do engenho de dentro
mesmo que já tenha saído mesmo que nunca saia
hoje eu vou sair no tchetcheca do engenho de dentro

assinado: madruga com a macaca

trânsito ininterrupto na rua marquês de são vicente.
quero atravessar não posso. uma voz sobe do bueiro:
— vem comigo!
o trânsito estanca. atravesso.
no outro lado da rua, a voz do bueiro:
— já cheguei aqui faz um tempão. confia!
confiar... confiar em quem?
acordo. a campainha toca. abro a porta. ninguém.
um pacote. abro.
um hidrante em miniatura. com o cartão escrito:
confia!
da sua celma.
celma? celma?
confiar em quem?

alguém porta um cartaz:
se emancipar de alguém talvez queira ser dar vez
a alguém que queira ter vez em seu coração

recado pra mim?
recado meu pra ele?
google me responde
se aquele que vai ali
sou eu ou ele?

— alô... quem fala?
— eu.
— eu quem?

MURUNDUM

(2012)

VOZ ATIVA

todos têm uma voz
alta, baixa, aguda, grave
rouca, intensa, suave

todos têm uma voz
só que muitos não a usam
com medo de tudo e todos

e assim deixam que outra
que não sua mas de outro
tome então o seu lugar

e saem por aí dizendo coisas
que na real não acreditam
mas que não têm força de evitar

porque sua voz foi vendida
é o novo dono quem fala
e a voz verdadeira, silenciada >

ainda assim ela está lá
reprimida inibida sufocada
à espera do seu dono

torcendo pra que ele quebre
de repente a mordaça do medo
e fale aquilo que sempre quis

então quem falava por ele
baterá rapidinho em retirada
e a voz será de novo de quem fala

AQUILO QUE SOBRA

gosto daquilo que sobra.
daquilo que as pessoas desprezam.
na feira, recolho entre os dejetos
a semente da abóbora, a folha da mandioca.
no empório, compro o farelo do trigo, do arroz.
gosto de me alimentar de coisas nutritivas.
pessoas principalmente.
mas nossa cultura, assim como os grãos, refina
as pessoas.
tira delas o mais nutritivo e deixa apenas o miolo
sem sustância.
por isso gosto do que sobra.
das pessoas desprezadas como eu.

PESSOAS FÍSICAS

pessoas físicas são aquelas
que têm voz própria
donas do próprio nariz

pessoas físicas são aquelas
que falam de dentro do centro
aquilo que pensam e acreditam

pessoas físicas não falam
em nome de empresas, sindicatos,
governos, igrejas ou partidos

pessoas físicas quando falam
é porque experimentaram e viveram
aquilo que estão dizendo

pessoas físicas têm suas crenças
que a vida lhes sopra em um momento
e mudam conforme o tempo

pessoas físicas são livres
para seguir seu caminho
sempre ao sabor do vento

pessoas físicas são e não são
não se querem sempre as mesmas
ovelhas do imenso rebanho

>

pessoas físicas são aquelas
pessoas físicas são
pessoas na contramão

IMAGENS DA INFÂNCIA

o que fica são as imagens da infância.
por exemplo, o einstein.
descobriu que o tempo era curvo
ao olhar quando pequeno
uma gravura de cronos e seu cajado.
cresceu, fez umas contas
e confirmou a impressão.

MEIO ASSIM

tava atrasado.
o metrô ia sair.
corri.
a porta se fechou.
metade de mim foi.
outra ficou.

uma que já era,
ficou mais ensimesmada.
olhando o relógio
falando no celular.

a outra, tagarela,
levantava leviana
a saia das moças,
uivando intempestiva.

se alguém
encontrar uma delas,
avise a outra.
eu vou ver
se estou na esquina.

PROPÉRCIO E EU

p/ o löis

propércio dizia que...
o que dizia propércio?
eu, se fosse propércio, diria que...
o que eu diria se fosse propércio?
sei lá
que as coisas são complexas
indizíveis como um todo
intraduzíveis como um verso
intragáveis como um trem
intoleráveis como propércio
e eu.

CONVITE

a srta. javalanta e o sr. rinopótamo vão casar.
quem quiser, pode ir.
p.s.: o casamento entre o sr. javalanta e a srta.
rinopótama foi adiado.
quem quiser, pode ir.

MARIINHA

mariinha tem treze anos e janta com os pais.
jantam em silêncio enquanto o jornal nacional
vomita o mundo sobre a mesa.
eles moram no interior.
depois do jantar, o pai lê a bíblia, a mãe canta
um hino.
mariinha não tá nem aí.
depois da escola passou na lan house,
pegou informação sobre um escritor para a aula
de português,
deu um ctrl C ctrl V em métodos de contracepção
para a aula de biologia
e, aleluia, entrou no orkut pra ver o novo corte
de cabelo da soraya imitando a britney
e rir do scrap do wellington: um verso vagabundo
dedicado a ela.
epa! oba! eba!
recebeu um convite do danrley pra ser sua amiga
no facebook.
amanhã ela vai dar um confere nesse tal de
facebook.
tudo pelo danrley.

O POEMA DIGITAL

primeiro o poema nasce
como esse está nascendo agora.
não.
primeiro o poeta nasce.
e com ele a linguagem.
então, o poema nasce.
aqui nessa tela agora.
o poeta o articula
sai um barulho
ele harmoniza
abre uma janela:
entra um colibri
aí o músico, ai,
refaz o barulho
enfia uns bemóis
então vem a musa
num clic faz um clip.
onde tudo se funde
o ritmo no barulho
a cor na imagem
primeiro nasce o poema.

EDIFICAÇÕES

arquitetos cortejam a poesia
poetas cantam a arquitetura
aqueles inventaram a palafita
esses, a palavra em suspensão
uns edificam em vidro e concreto
e com cálculos sustentam a emoção
outros aram no éter da linguagem
onde tudo é delírio e expressão

o poeta descreve a curva
que sai do mínimo cisco
e se perde no mar infinito
traça o arquiteto a reta
que vai do máximo tudo
ao diminuto ponto final

O AMOR VENCEU

o amor ficou xarope
séculos de emoção caramelada
deram nisso
o amor perdeu a validade
o amor venceu
o amor se transformou
em sexo, em chat, em ficarpontocom
o amor foi resetado
o amor na infovia
rígido como um dígito
o amor se transmutou
o amor já era
e qual a palavra nova
para aquilo que um dia foi amor?
a palavra é...
a palavra é...
a palavra é
amor

POEMA É UMA CARNIFICINA

um tal de cortar, mexer, reescrever, amputar,
transformar a matéria-prima em produto final a mó de
que os vacilos, a sangria desatada, não transpareçam.
ninguém tem nada a ver com essas plásticas em série.
o leitor quer um rostinho bonito. nada mais.

RITMO X TEMPO

num piscar de olhos
no pulso do coração
o ritmo nos habita
como uma tatuagem

o ritmo é um músculo
reflexo incontrolável
comandado por outro eu
que mora dentro da gente

no ritmo,
o tempo não passa
o tempo não para
o tempo não há   >

o tempo entra
quando o ritmo sai
parou pra pensar,
o tempo se instala

uma década no ritmo
flui, desliza, escorrega
um minuto fora dele
é uma eternidade

caros, caras,
batam palmas
requebrem os quadris
balancem o esqueleto

garanto que artroses
reumatismos e outras
sequelas do tempo
se autodestruirão

MOTIM

motim no shopping chic de brasília.
cansadas de tanto ver circular
peruas, patricinhas, bacanas em geral,
as vitrines resolveram rediagramar a clientela.
transmutando os passantes em códigos de barra.
e lá vai mamãe código e seus codiguinhos.
e lá vem pastor código e seus credicrentes.
o poeta previdente escapa pela tangente.

NA MORADA DO POEMA

descalçar o salto alto
desvestir terno e gravata
escrever como quem dança
digitar como quem ginga
azeitar a engrenagem
apertar os parafusos
depois de dentro pra fora
soprar
o inseto que você inventou

BELVEDERE

(2007)

p/ eliane duarte

SETE PROVAS E NENHUM CRIME

havia a mancha de sangue no jaleco
e nenhum corpo
havia o olhar rútilo, o rosto crispado
e nenhum motivo
havia o cheiro impregnado no copo
e nenhuma digital
havia o vírus, o bilhete, a arma branca
e nenhum assassinato
havia em vão a confissão
e nenhum ilícito
havia a cadeira de rodas vazia
e nenhum suspeito
havia um gato emborcado no aquário
e peixe nenhum

COMO ERA BOM

o tempo em que marx explicava o mundo
tudo era luta de classes
como era simples
o tempo em que freud explicava
que édipo tudo explicava
tudo era clarinho limpinho explicadinho
tudo muito mais asséptico
do que era quando eu nasci
hoje rodado sambado pirado
descobri que é preciso
aprender a nascer todo dia

SER E NÃO SER

quando te vejo
dois olhos orelhas
nariz boca bochecha
eu me olho em ti

de repente num relance
somos um mesmo ser olhando

quando te encontro
braços pernas
barriga umbigo
eu me espanto contigo

pelo tempo de um relâmpago
somos dois seres se entreolhando

POEMA PARA SER TRANSFIGURADO

quem somos
o que queremos
logo logo saberemos

por enquanto
sabemos
que um gesto
uma palavra
podem transformar o mundo

qual deles
qual delas
saberemos já já

essa a missão do artista:
experimentar

por isso somos precisos
por dar nossas vidas
pelo que — ainda — não é
pelo que — quem sabe — será

o que somos
o que queremos
saberemos juntos
já já

SOBRE O SILÊNCIO

hoje não viemos discutir projetos
hoje não viemos pedir
hoje viemos como alguém que visita sua casa
que vem dizer pra família
sobre as dificuldades de se tecer a invenção
sobre o abismo que se abre para além do entretenimento
sobre o prazer que é lutar pelo que se acredita
hoje viemos dizer pra família
que não vamos mais terminar os estudos
e que nossa carne curtida, nosso olho vermelho,
nosso sorriso encarnado e, principalmente, nosso silêncio
dizem tudo.

NEW YORK

... atravessar new york de leste a oeste
e de frente pro rio, perguntar:
— e aí ó hudson? *qué pasa?*

você que viu as torres gêmeas explodirem
sob o riso histérico dos *wasps* que te detestam
você que me viu caminhar devagar
entre seus canyons de cimento e aço   >

new york, fratura exposta, flor obscena de henry miller,
gotham city, babilonest de hélio oiticica, musa de
woody allen, campos de centeio forever,

new york, submundo de lou reed, madonna, jarmusch.
putas e gigolôs. travecos e junkies.
chinatown, little italy, wall street, civilizações em si

new york, verdadeira beleza americana,
washington square, músicos de metrô, luisaida
muito maluco falando sozinho e os cafés do village
taxi driver na porta do metropolitan

new york muitas vezes new york
expressão perfeita do capitalismo *wasp* que te odeia
porque conheces a beleza e amas o outro
que te atravessa pra perguntar:
— e aí ó hudson?

new york central park dos achados e perdidos desse mundo

SP03MA

p/ carmen molinari

são paulo: mirante de cego
cidade sem olhos
cidade sistema nervoso central
onde todos os sentidos se encontram
onde todos os neurônios se agitam

são paulo: penetráveis infinitos
virar poeira de asfalto diante da plenitude da paulista
se achar perdido em meio à pujança dos jardins
decifrar os ideogramas vermelhos da praça da liberdade
saborear quitutes sonoros: ibirapuera morumbi pacaembu

desbravar são paulo
colocar a cidade a nu
bisbilhotar o tatuapé
implodir o carandiru
penetrar no jabaquara
desaguar no anhangabaú

são paulo do pau oco:
no pau, motoboys em zigue-zague
no oco, o enigma devorando

são paulo: parou
para nos ver passar
um por dentro do outro   >

no plano inclinado
da antônio prado
coração financeiro do país

são paulo: parou
para nos ver passar
entre fotos e beijos
investindo nosso presente
no mercado futuro
do amor

BEM VINDA

ressarcir
engendrar

a toda hora
em todo lugar
nasce uma palavra
— bem vinda!
quando perderes o sentido
esvoaça daqui
descansa em paz

MALHAS

vertigem da imagem
volúpia da carne
voragem da grana

as malhas do mundo são

ONDE O SENTIDO

onde o sentido está contido?
contigo? comigo?
onde andará o sentido?
sentado à beira do abismo?
abismado com tanto cinismo?
onde andará o sentido?
sentado no cais a ver navios?
no meio do mar à deriva?
onde o sentido se esquiva?

ID

identifique-me, senhora
já que são suas
minhas impressões digitais
meus batimentos cardíacos
minha íris minha voz
identifique-me, senhora
eu me perdi em seus cachos
me confundi em seus cílios
who am I?

DOIS PONTO TRÊS LISBOA

tô sem ideia. sem vontade descrever. de nada. não tenho a mínima ideia do que virá a seguir. inércia é meu sobrenome. ando tão feio. tão sem assunto. me assusto. ninguém mais há em minha volta. tô cansado da minha companhia. só falo besteira. não digo nada com nada. preciso exercitar a pena. se ela se move que seja na minha mão. trêmula e bolorenta. mesmo que seja para ser mais um papel sujo. se isso fosse uma folha em branco, você podia desenhar, descansar a vista. ou escrever um bilhete suicida. mas eu passei primeiro e... se você não se importa, rabisque por cima. por mim tanto faz. acho até que vou tomar um bagaço e ver no que dá. vou à torre de belém olhar o tejo. matar o tempo pra não me matar, esse é o meu nome. fiquei nos quartos dessa casa em benfica o dia todo, ouvindo rock lendo história em quadrinho. boa noite. talvez alguém leia e curta isso aqui. tanto faz. embora tudo que mais quero nessa porca vida é te botar feliz. bagaço basta o meu e o da uva.

SENTINELA

teu jeito de elefanta contraído me angustia.
quem sou eu, quem és tu nessa manhã que se anuncia?
sentinela, minha nega, estou tomado pelo teu sentimento.
posso dizer que um elefante passa em mim
com seu passo lerdo, um tanto tardo de ser.
quando tu assoas tua tromba, sentinela, me assombra.
quem não ficaria sem ar com o teu passar resfriado
com teu ventre que abrange o mundo paralisado?
sentinela sentinela quem te deu esse nome bacana?
por que sais de manhã toda trêfega e só voltas sei lá quando?
sentinela, esse jeito avoado de quadrúpede no cio me assanha.
alguns te chamam elefanta, outros aliá e todos têm razão
menos eu sentinela, menos eu que sou assolado pelo teu
                                                           [sentimento.
por que não vieste a esse mundo, um walkie talkie,
                                           [um discman?
assim saberia operá-la ou escutar hendrix quando quisesse.
mas não. vieste elefante e para escutar teu berro lancinante
teu ronco visceral, fico impassível como um hidrante.
vai, sentinela, vai!
cambaleante pelas ruas do rio. boa sorte. seja feliz. até logo.

A VIDA É CURTA PRA SER PEQUENA

(2002)

OURO PRETO A PÉ

I

antes que o dia acorde
bater perna
pisar pedra
em ouro preto

antes que a névoa se dissipe
e o sol se levante
com sua horda de caixas automáticos
com sua falange de extratos bancários
bater perna
pisar pedra
em ouro preto

antes que o inexorável tilintar
das caixas registradoras
me leve a perguntar à balconista   >

quanto é
bater perna
pisar pedra
em ouro preto

vagar a esmo
numa romaria sem rumo
sem credo sem dor
vagar...

II

antes que dado e andré
viviane guilherme nilson
ericson pedro helena fabiano
acordem de seus sonhos
de sons em chamas
de rima e luz
de revolução e plenitude
pisar pedra

antes que o barulho das ondas
acorde cláudia e josé
e o mar manche de azul
e vertigem a manhã
no apartamento da rua duvivier
bater perna

antes que o dia acorde
bater perna
pisar pedra
em ouro preto

III

antes que os armarinhos
despejem suas coisas
quinquilharias infinitas
esse nada que é tudo
em ouro preto
pisar pedra
bater perna

antes que o passarinho
da máquina de tirar retrato
levante seu voo
do ninho das retinas
e venha decifrar códigos
e definir contornos
bater perna
pisar pedra
em ouro preto

andar sem destino
andar por andar   >

andar por aí
andar...

IV

antes que o dia acorde
bater perna
pisar pedra
em ouro preto

antes que o dia...
bater...
pisar...

bater pisar bater pisar
bat... pis... bat... pis...
bat... pis... bat... pis...
pelas ruas
nas calçadas
de ouro preto

RUAS

há meio século
ando pelas ruas
há sessenta e cinco anos
cruzo rio brasília
londres são paulo berlim
cidade do méxico lisboa
amsterdam nova york
a pé

mix
de finalidade interior
e casualidade exterior
tudo me interessa

os olhos
não usam viseira
nem os ouvidos
capota
o nariz
eu trago atento
o tato
bem apurado

absorvo impressões
de outros
que caminharam
por mim

>

em minha caminhada
pelos outros

paisagens
urbanas
suburbanas
superurbanas
me constroem
o tempo todo
em que eu
ando e paro
paro e ando
reparando
do que é feito
o conteúdo
da caixa preta
do planeta

O PÃO NOSSO

que bicho é esse que guarda a baía como um cão?
que esfinge é essa que atormenta os navegantes com suas
[adivinhas:
quem amanhece verde e rosa? quem vai dormir sob aplausos?
que pedra é essa que fia com seus bondinhos partituras de sol
[a sol?
que morro é esse que viu sebastião guerrear?
que navio é esse que espera paciente se lançar ao mar?
que granito é esse que mira e é mirado com mil câmeras-olho?
que acidente é esse que a geografia nos brindou sem cerimônia
[ou discurso?
que ponto é esse que invade o atlântico na ponta dos pés?
que pop star é esse que encarna uma cidade sem piscar?
que postal é esse que qualquer mão desenha?
que coisa é essa que sentada no tempo nos decora o espaço?
que rocha é essa sem peso deitada sobre a urca delicada?
que penedo é esse que pariu essa cidade *sur la mer*?
que camelo é esse que escova com as corcovas as cáries do céu?
que musa é essa compactada em milênios de admiração?
que mina é essa que tem o ouro a seus pés?
que pico é esse que transtorna os navios e enlouquece
[os turistas?
que nume é esse com nome de doce e cara de cão?
que cume é esse que zimbra sobre a cidade sua batucada?
que penhasco é esse que zurze impiedoso franceses fantasmas?
que pão é esse mais música que pedra, mais pedra que açúcar?
que pérola é essa que quem vê, para e ora convertido?

que peixe é esse isca irresistível a atrair traíras?
que música é essa filigrana satie?
que tela é essa desenho de klee?
que imagem é essa viagem, miragem, pura visagem?
que bicho é esse enigma vestido de pedra e sal?

AGULHAS

usei
o corpo
há tempos
com um fim
determinado

pico da neblina
álcool setenta
vala comum

hoje
oriento
meu corpo
no abismo

agulho
outros
meridianos

NAVILOUCA

quero te encontrar
o dia amanhecendo
num boteco
tomando média
olhos claros
translúcidos
— você, aqui?

de repente nós dois
e o resto.

a gente vai
andando andando
dando risada
falando bobagem
pisando a paisagem
viagem

de repente
numa esquina
de terno o tempo
vai passar
apertado apressado.
a gente vai parar o tempo.
e vai dizer a ele, calmamente,
como é a felicidade
e vai seguir seguir seguir ....

EU E ELA

eu e ela ela e eu eu e ela ela e eu
ela entre alcaloides eu a mando da heroína
dia sim, brown sugar na veia
dia não, grande sertão: veredas

eu e ela ela e eu eu e ela ela e eu
eu e ela e um camarada:
a primeira dose
ela eu o camarada mais 3 junkies
e um cachorro descalço:
a overdose

eu levanto... paro... mudar o disco...
o ar vai... se apagando... apaga...

eu e ela ela e eu eu e ela ela e eu
pressão baixa. cold. too cold.
caras sem rosto querem saber da droga
eu negando, neguinho internando
eu numa enfermaria com 5 casos terminais
num hospital de fulham

eu e ela ela e eu eu e ela ela e eu
o doutor aplica o sermão
eu fujo do hospital
eu compro flores
na clara manhã do dia seguinte

eu e ela ela e eu eu e ela ela e eu
sexo drogas e rock and roll
londres 73

CEP 20.000

> "— arrependei-vos e rejubilai-vos
> cep 20.000 está no ar!"
>
> O Minotauro

    aqui
da janela desse baú de lata
    — barão de gusmão / leblon —
        vejo a vida passar inexorável

    atropelando o que é velho
aplicando chapinha no asfalto
    quente e mole
        nessa noite de verão

    o lotação passa batido
    pela haddock lobo   pelo estácio

dropa aqui   desvia ali   embala acolá

desfila veloz pela riachuelo   >

      no clube dos democráticos
buzina evoé e vai

    pela sinuca   galera afiada   desfiando versos
hip hop na zoeira

    passa os arcos passa a lapa
e deixa o fantasma do circo
    sobrevoando a fundição

    pelo passeio passa apressado
        glória flamengo botafogo humaitá

hoje é dia de cep
              ali a onda é boa   o mundo ali é bom

        de repente
saltei do ônibus
  cheguei ao posto
    suor no rosto
      que ela rindo
        me desenxugou

        de repente
boca sem dente
  delinquente rock and roll.
    é o joe.
      o show já começou

RIO

o rio é basicamente o mar
o mar e o amor
amor e mar
atlanticamente amar

o rio é basicamente o riso
humor amor
amor humor
para rolar de rir

água na boca é a guanabara
e o arpoador é joia rara

pelas curvas desse rio
ninguém vai morrer de frio
porque é só se espreguiçar
no sol que sai detrás do mar

MIRANTE DO LEBLON

aqui
encostado na aurora
todo meu ser esplandece
todo meu ser desarvora

aqui
o amanhecer
vai me encontrar
agora

TEMPO

no início era o começo.
o depois veio vindo devagar.
o antes veio depois do depois.
só quando esse se estabeleceu.
no princípio era o agora.
isso demorou até que
tudo virou antes e depois.
então numa revolução peluda
o agora voltou ao trono.
antes e depois viraram
falta do que fazer.
e tanto fizeram
que o agora virou tudo
e o tudo, nada.
de volta ao princípio
o agora agora congelou.
o antes fica pra depois.

BICHO SOLTO

acabou o show
           três latinhas na ideia
o suficiente ....
           para querer mais

a noite se contorce com sua maçã na boca

ballroom aqui   forró ali   festa acolá

próxima parada: são conrado

na saída do túnel
           rua rápida à direita
você está na roça
        é birosca   é sinuca   é o pó
desce cerveja
      bate uma
          bate duas
              sempre mais

tá todo mundo ligado
   o tráfico apresenta suas armas
      máscaras alteradas saúdam o bicho

o movimento decide sua vida e sua morte

              e você querendo jogo
              — a atração do abismo —
                        à sombra do vulcão

                delírio ambulatório

                           sobe
o bonde
        desce
        e o dia amanhece

você é um corpo estranho
        criatura da noite vazada no dia
    dê
        meia volta volver

vai ver se encontra
        o caminho de casa

                mas o teto se abriu
            sua casa é aqui agora
sem chave e sem porta
              na rua da aurora
— desce outra!

....

A LATA

a lata
no fundo da madrugada
no silêncio na calada
de repente foi chutada
na batida
começou a batucada
e o som seco dessa lata
era um funk lá na lapa
era wailers na jamaica
um pagode na nigéria
era o morro em pé de guerra

na lata
nego diz
e não entala:
demorou sangue bom
é o bonde é o trem
do estácio ao pavão
não tem pra ninguém
do borel ao tabajaras
na mangueira na cruzada
lá no morro dona marta

da lata
sai o gênio da fumaça
que do mar veio pra areia
coisa boa deu na praia

pra fazer a cabeleira
da galera que incendeia
na panela no vapor
frigideira agogô
grumari arpoador
da macumba mambucaba
na restinga marambaia

diz na lata chuta lata vira lata
diz na mão diz no pé diz que diz

todo poder vira lata
todo poder chuta lata
todo poder para lata

PARA-CHOQUE

coca mina a vontade
álcool solta o cachorro
a vida não é bobagem
não quero
disso eu não morro

MAMELUCO

colar o ouvido no asfalto
tomar o pulso da cidade
e imaginar

que sob o asfalto
há trilhos
dos bondes de nossos avós
e trilhas
onde caçavam paca
bisavós dos nossos tataravós

somos descendentes
de joão lopes de carvalho,
pai do primeiro carioca mameluco,
esperando que ele volte um dia
para devorá-lo
gentilmente

colar o ouvido no asfalto
tomar o pulso da cidade
e dançar

CIDADE

cidade: parada estranha

aglomerações
linhas cruzadas
engarrafamentos

estranha cidade parada

cristalização de caos tédio estupor
escornada no espaço
veias abertas pedindo mais mais sempre mais

cidade: paradinha sinistra

babel bélica
bando de gente a ir a algum lugar nenhum
infinito véu de pulsações
gases   desejos   dejetos
palavras & balas
perdidas perdidas perdidas

cidade: sinistríssima parada

tudo é recriado e se esfumaça
seus citröens   seu rock and roll
luzes da ribalta refletem na sarjeta
      what's going on   >

as prensas não podem parar
notícia notícia notícia
revista já vista já velha
reprocessando matéria
clonando ideias
novelha novelha novelha

cidade: paradinha de maluco

choque elétrico todo dia
a dias meses anos
desintegrar — bang big —
numa implosão final
impotentes para formatar
bilhões de bytes
trilhões de raios catódicos
em expressão inteligível

cidade: parada estranha

    excesso exagero coisa fumaça
        corpo crivado de bits
        corpo crivado de bits
        corpo crivado de bits

À RUA

artistas
mais que modernos
com o centro em seu tempo
queremos dinamizar espaços
que a nós pertencem por princípio.
como um dragão andaluz
só o spot das polaroides nos seduz
que essas imagens
acústico cinético verbo visuais
habitem o domínio público
e se incorporem ao dia a dia das criaturas
nesse espaço a todos reservado: a rua.
contra a maré
que nos quer fazer enterrar nossas miragens
no oco do pau
jatos de cultura nativa
técnica, certeira como um dardo de bambu e aço
o único mistério é saber que imagens pânicas nos possuem
além disso, é a apresentação desse material
a rua nos interessa
a nós o que é nosso
que a rua abra a porta para nós

MIRABEL

você passa e fica
figura contra o sol
colada na retina

    de repente quando
    você me ultrapassa
    fica a impressão
    que se eu piscar o olho
    presa você fica

        você passa e brilha
        farol na minha neblina
        quando você passa
        seu ectoplasma fica

NOVES FORA NADA

abre fecha
sobe desce
assim passos dias aguiar
passa os dias a guiar
o elevador

entretido entre botões
passos passa e para
para e passa aos borbotões

um dia pediram o nono.
o elevador parou
no oitavo e no décimo.
no nono nada
(máquina quebrada?)

só na cena
no nono passos parou.
saiu para olhar
a porta fechou.
para lá
passos passou.

....

A COISA E O NOME

três da madrugada. baixo gávea. A COISA e O NOME
bebem. chopp vai, chopp vem, chopp vai e vem. cansados da
esbórnia, A COISA e O NOME vão embora.
na esquina de lopes quintas com jardim botânico, um louco
avança o sinal. o fusca d'A COISA freia bruscamente.
O NOME dá com a cabeça no vidro. A COISA, precavida,
com o cinto, nem se abala.
no dia seguinte, algo estranho acontece. algo parece estar
fora da ordem. fora de sincronia. as pessoas querem se
comunicar e não conseguem. as coisas continuam no lugar,
mas os nomes, esses, parece que deram um passinho à frente.

URI GELLER

p/ zuca sardan

uri geller não é fácil
uri geller não é fácil
consertou o meu radinho portátil

ele é sensacional
ele é sensacional
curou o soluço da rádio relógio federal

LEONTINA

p/ chico alvim

esses dias
saí com uma mina
uma tal de leontina
levei ela lá
na quinta da boa vista
um bom passeio no jardim zoológico
leontina minha mina se amarrou
num crocodilo com cara de esquilo
até aí foi tudo bem mas
no terceiro saco de amendoim
que a gente repartia com o elefante
enquanto eu começava a ficar ofegante
por leontina
ela começou a eruptar.
é que aquela macaca tinha
erupções cutâneas das mais estranhas
quando comia amendoim
ai de mim

ACREDITE SE QUISER

conheci criatura estranha
que nem ela não existe
é como a teia tecer a aranha
se quiser me acredite

expert em línguas mortas
adora citar em latim
sua pretensão não passa em qualquer porta
ninguém é tão snob assim

ela pensa que me atormenta
com o seu papo furado
no meu ouvido sai por onde entra
nem chega do outro lado

toda vez que ela entra em transe
penso dessa vez é sério
abre os olhos e imita o jack palance
e manda um despautério

ela é inteiramente fútil
imagina ser o que não é
ela cultiva uma cultura inútil
acredite se quiser

TAUROMAQUIA

lá vem o touro
   ideia inverossímil
      a galopar violenta

aqui nessa arena
   imaculada página
      papiro de gritos e espanto

jaz o poeta
   pessoa pouco apta
      à nobre arte de espanha

BUNDAMENTAL

sou trocador de ônibus.
tenho 35 anos e quero me casar.
ter mulher, filhos, um lar.
meu nome é bundamental.
uma tarde, o coletivo parou
num ponto da praça seca.
subiu uma moça que era um sonho.
branca, peluda, dentes bons.
e que perfume!
meu nome é bundamental.   >

quando passou na roleta, num ímpeto súbito,
a pedi em casamento.
meu nome é bundamental. genival bundamental.
ela olhou pra mim e disse sim.
ali mesmo por cima da roleta
entre os passageiros, um beijo
selou nosso pacto sagrado.
meu nome é genival bundamental.
cuidei de tudo. alianças, igreja, padre, cerimônia.
no dia fatal, meu nome é genival,
eu lá. eu e o padre. ela nada.
uma hora duas nada.
enfim, chega o sacristão com um bilhete.

"querido bundamental
fui feliz enquanto amor entre nós houve.
agora vou ser feliz com um pé de couve.
daquela que um dia foi seu poema,
maria helena.
p.s.: a vida é curta pra ser pequena."

meu nome é genival. genival bundamental.

NINGUÉM É INOCENTE

no doce regato...

... esvoaça a libélula...
... o colibri pipila...
... beija flor o beija-flor...
... bzzz besouro bzzz...
... a minhoca se penteia...
... nada o peixinho...
... que clima inefável...

— ah!!!
        — eh!!!
                — ah!!!

— êpa!!! que som tenebroso é esse?!
— é o lobo mau comendo chapeuzinho vermelho!

reparando bem:

!!! o peixe abocanha a minhoca!!!
!!! o colibri chupa o tutano do besouro!!!
!!! o beija-flor deflora a libélula!!!

— oh!!!
        — ih!!!
                — oh!!!   >

— que som mavioso é esse???
— é chapeuzinho vermelho gozando...

SONHONÍRICOS X BURROVALDOS

o burrovaldo não é o sonhonírico
o sonhonírico não é o burrovaldo
o sonhonírico divaga
o burrovaldo implementa
o sonhonírico assombra
o burrovaldo discrimina
o sonhonírico chafurda
o burrovaldo conchava
o sonhonírico devaneia
o burrovaldo determina
o sonhonírico inventa
o burrovaldo investe
o burrovaldo é um burrovaldo
o sonhonírico, um sonhonírico

CÃES

uns cães têm sede
outros viram sabonete
uns têm um raio na testa
outros o rabo entre as pernas
uns uivam pra lua
outros mijam na rua
uns me seguem de noite
outros me guiam de dia
uns mordem
outros ladram
uns uauam
outros gggrrrr
uns fogem
outros matam

O GATO

o gato é mais
que aquilo que se vê
pois quem olha assim só vê
o que no gato é demais

o gatoflex
o gato rosca

>

o gato sono
o gato miado

o gato é o que mora
dentro do olho do gato
menina no centro da íris
sua tara faro e tato

o gato lhe acompanha
onde quer que você vá
só com os olhos — não é besta —
para ele basta olhar

mas nos olhos traz o pelo
preto brilhante macio
um olhar quase vazio
de quem sabe admirar

seu olhar nunca é pedinte
de vira-lata carente
nem é feito de ameaça
pastor domingo na praça

o olhar do gato lhe abraça
sem pieguice ou apego
pelo prazer de abraçar
o gato está no olhar

DOMINGO É DIA DE MISSA

por	isso vais cedo à igreja
onde	imploras pelo pão de cada dia
anda	arrasta teu sono pelas alas
d'esse	templo zumbi
cara	
do	domingo de hoje
altar	vazio e sem fé
?	

THÉO

théo, meu caro corrupto
estou a poucas horas da sua companhia
dei por encerrada minha estadia no inferno
por aqui vaguei quimeras inúmeras
uma enxurrada de delírios
atrás do que é mera suposição
não descolei mais que alguns truques
que me serão úteis nessa roleta viciada
você sabe a que me refiro

théo, estelionatário da existência
andei atormentado pelas mais cruéis premonições
como se a cada esquina uma charada   >

tivesse que ser exaustivamente decifrada
você, com sua argúcia, seu raciocínio cínico
jamais imaginaria as tempestades desse mar de louco
mas pouco importa o que você pensa ou diz
foi visceral viver essa latitude do fogo e da fera

théo, elegante salafrário
abandono de vez as mal traçadas linhas dos vaticínios
para entrar com os dois pés na barriga do seu negócio
é líquido e certo que não o arruinarei
mesmo porque não quero que abandones a rinha tão cedo
seremos leais aliados
um par constante nessa bolsa de valores furados
até que um dia eu ache insuportável a sua companhia

théo, magnífico canalha,
não precisa me esperar na estação
não perca o sono
amanhã estarei a seu lado
durma bem

LÚCIFER LÚCIFER

no princípio, ...
e o que não estava, assim ficou.

areia na ampulheta
    tempo ao tempo
        tempão

até que um ponto pintou
uma partícula luziu ali no nenhum nenhum
quando o escurão se ameaçava eterno
um fóton espocou

flash selvagem
   cavalo vertigem
      onda que estoura

— lúcifer! lúcifer! inflamai minha candeia!
cremai essa mortalha que me amortece os membros!
flambai tudo, fogaréu!

o que era ponto, esfera virou.
o que era onda se expandiu e o sol meianoiteceu.
ali onde tudo era penhasco, secura, aridez,
a luz se fez.

— lúcifer! lúcifer! erguei-vos, anjo! dai as cartas!
dai linha para que tudo em mim se movimente   >

e eu possa, apaziguados meus fantasmas,
me levantar em vossa luz.
lúcifer! lúcifer! imperai!

ESTADO DE GRAÇA

tudo parece parar
se uma palavra
em mim farfalha

moçambaba
    arequipa
        tracunhaém

é como se um solo
— hendrix? layla? —
zoasse inside

o globo ocular
entrasse em órbita

e o estabelecimento
fechasse pra balanço

PALAVRA CORPO

a palavra vive no papel
com vírgulas hífens crases reticências
leva uma vida reclusa de carmelita descalça

        a palavra quer sair de si
a palavra quer cair no mundo
a palavra quer soar por aí
a palavra quer ir mais fundo
a palavra funda
a palavra quer
a palavra diz:
— vem cá, meu corpo!

        o corpo aprendeu a ler nas ruas
com manchetes de jornais
jogadas na cara pelo vento
com gírias palavrões
zoando no ouvido
com gritos sussurros
impressos na pele

o corpo sabe letras com gosto
de carne
    osso
        unha
            e gente   >

o corpo lê nas entrelinhas
o corpo conhece os sinais
o corpo não mente
     o corpo quer dizer o que sabe
o corpo sabe
o corpo quer
o corpo diz:
— fala palavra!!!

PEQUENINO

era pequeno a princípio o poema
aí deu de si
desentranhou
aí aborreceu
se estranhou
porque
era pequeno a princípio o poema

EU

fico entrincheirado.
a palavra passa.
pulo no pescoço dela
e sussurro ao pé do ouvido:
— fala, peluda!

ESSE ANIMAL

o poeta é de carne e osso
tem olhos, boca, nariz, pescoço
tem pressa, humor, desejo e calma
o poeta é de corpo e alma

o poeta é de osso e carne
sendo a vida vivida o osso
a carne o que lhe dá a palavra
o poeta é alguém que se lavra

tem poeta mais carne que osso
tem o tecido adiposo de quem
entre livros letras ditados
vê a vida passar ao largo

>

tem poeta carne de pescoço
traz o esqueleto no rosto
não sabe dar carne ao poema
preso no fundo do poço

o poeta é um animal que fuma

PALAVRÓRIO

o papel da palavra: palavrão.
a palavra no papel: papelão.

EUCALIPTO

quando as plantas
começam a falar
horto das rosas
cerro das flores
xenhenhém

eu
monte de carne

rio de sangue
escuto

e elas dizem:
zuiiiiimmmmm
flexplimmmmm
flankmoreeeee

eu
besta humana
burro sem rabo
escuto

jeanmichelle
finodental
barbitúrico

assim jamais
tocarei oboé
à sombra
de um baobá

PIPELINE

poesia pop
sol vida & água
podeligar

VELHO

palavra velha mania
cabelo entupiu a pia
parei na palavra um dia
no outro fugi com a tia
palavra que não queria
a tia não me cabia
palavra tem entropia
octanagem euforia

(a gente vai ficando velho e escreve menos
a gente cisma com umas palavras e esquece outras
não há nenhum critério em ser velho)

LÍNGUA

que língua é essa
que já não morde
que já não trinca

qual é essa língua
tão desuniforme
tão ornitorrinca

que sina é essa
de querer-te plena
sol a pino em cima

qual é essa sina
de mirar-te em cheio
e acertar tua quina

que essa língua lânguida
entre-te adentro
feito uma farândola

e te analfabetiblue
com o *I* lá no teu *O*
com o *T* lá no teu *U*

AMARELA

palavras são imprecisas
para dizer eu te amo
eu te amo se diz
com o olho a mão o pau

a palavra raciocina
transmuta som em sentido
arrasa quarteirão e eu
odes à ela entreteço

a ela eu digo eu te amo
ao seu som inusitado
ao incerto significado
a tudo brindo I love you

palavras são elas mesmas
pessoas são outra coisa
essas têm carne osso bochecha
aquelas, sonoras sobrancelhas

por isso amo a palavra
ela me faz batucar
pessoas eu tenho tesão
guardado acima do fêmur

O PARTO

ignara massa
galera afim
aqui vim
apresentar
um poema
que agora
parirei.

parei.

— sinto contrair o crânio
o encéfalo farfalha
o cérebro estremece
o hipocampo estrebucha

lá vem ele todo torto
com cara de impaciente
vem chorando vem contente
vem faltando um verso aqui

extraio com um bisturi
imprimo no papel almaço
vem cá me dá um abraço
tão bonito o meu guri —
pari.

BARCO BLENG

um leão engoliu a base do meu raciocínio símio
perdi qualquer contato com o metro de antanho
de modo que calço o número que me dá na telha
métrica rima e rítmo sopram ao sabor dos sinos

acabei o curso de engenharia a bordo de um barco bleng

ÓPERA DE PÁSSAROS

p/ lili e neto

a objetividade da fotografia é uma falácia
erram os que acham que ela retrata o real.
o que há é que quando o fotógrafo diz
olha o passarinho! uma ave de asas oblongas
sai de dentro do olho da câmera
com uma paleta de cores
e um embornal de pinceizinhos.
sobrevoa a cabeça do fotógrafo
sobrevoa a cabeça do fotógrafo
e pousa sobre seu ombro esquerdo.
de lá, pinta a cena.
em suma,
a fotografia é uma ópera de pássaros

HALL

— que horas são, coração?
— são cinco e vinte e cinco. dezessete e cinquenta e sete.
— são nove pra daqui a pouco.
— porra! essa fila não anda!
— o elevador parou. o ascensorista pirou.
— essa fila não anda nem desanda. não desce
[nem sai de cima.
— tô atrasado pra prova!
— você quer provar o quê, pra quem?
— eu quero provar tudo o que o semestre mandou.
— e se ele te mandasse à merda...
— a prova é a aferição do aproveitamento.
— errou! ninguém pode provar nada. a não ser
[diante de deus.
— deus é o cão chupando manga na noite impenetrável.
— e do outro lado, o dia balança o rabo.
— essa fila não cresce nem encurta.
— e o diabo é um bom filho da puta.
— cicuta! cicuta! prefiro a morte que um elevador parado!
— tarado! tarado! é melhor morrer que ficar encurralado!
— que horas são? quantas horas são?
— beth pimenta couto! beth pimenta couto!
— estou louco mas ninguém prova. ninguém prova!
— só prova quem tá com o pé na cova.
— ninguém prova! ninguém prova!
— abaixo o elevador! ninguém sobe! ninguém prova!
— o elevador está chegando.   >

— ninguém prova!
— abaixo o elevador!
— embaixo a vida, a trova. em cima, a morte, a prova.
— ninguém prova!
— que horas são, coração? que horas são?
— quinze pra daqui a pouco! vinte pra deus me livre!
— dez para nunca mais!!!

"PELLO MENOS"

nova unidade em depilação

cabines individuais
cera exclusiva

voluntários da pátria, 470
botafogo

É HORA

entramos numa festa embalsamada
sem samba sem valsa sem mais nada
estamos numa festa mal sambada
sem repique tamborim sem batucada
viramos uma folia enferrujada
sem rua sem frevo sem madrugada

acorda maracatu
desperta toda embolada
levanta e batuca samba
é hora d'alma virada

OBSESSÃO

p/ fausto fawcett

ali a linha
que atravessa
o labirinto
ali o fio
da meada
interminável

obsessão

a doença no homem
a saúde no artista

obsessão

(toda peça
— adultérios, incestos, tabus —
a mesma peça
em nelson
todo poema a mesma pancada
em cabral
toda canção a mesma levada
em benjor)

obsessão

o cara só pensa nisso
a mina não entra em outra

obsessão

ali a ilha
nesse mar
tão desmedido
ali a luz
no escuro
inexpressivo

obsessão

TUTUCA

nasci para ser calígrafo
mas de tanto dar topada
me transformei num topógrafo
até topar com o Topo Gigio
minha sorte então mudou
penetrei a poesia
conheci o amor
hoje sou feliz pra tutuca

PURPLE

p/ rodrigo maranhão

purpurina é um ácido que dura dias
depois de banhos praias piscinas
semanas depois do carnaval
a luz incide sobre um ponto
microscópico que brilha
azul verde vermelho
na mão na barriga no antebraço
e dali
daquele ínfimo ponto
toda a bateria do bangalafumenga
passa fazendo escarcéu
ali dentro
do carro do elevador da retina

FLUMINENSE 36

batatais
machado   guimarães
marcial*   brant   orozimbo
sobral   romeu   russo   lara   hércules

* meu pai

MODIFICADO

p/ raul mourão

eu hoje acordei modificado
nasceu um rabo no meu suvaco
não sei se foi o cu que eu comi ontem
tava escuro e eu tava com fome

o mundo tá muito avacalhado
é esquisitice pra todo lado
o homem quer de jesus cristo, um clone
e a mulher, nos peitinhos, silicone

é muita mutação entrando em cena
é boi clonado é soja transgênica
e como não tem verde que dê jeito
boto botox e eu viro prefeito

depois que o genoma foi decifrado
deus disse: chega! quem banca é o mercado
a biotecnologia vem a toda
e eu vou me acasalar com a vaca louca

(marcha para o carnaval de 2001 em parceria com mestre nico)

ALMANAQUE DO PENSAMENTO FOTOGRAFADO

pág. 390 — titúbia não marca malandro.
pág. 76 — de seis em seis horas, o bissexto faz
                                    [um dia vinte nove.
pág. 4 — treze é número. o resto é ideologia.
pág. 25 — pensamento é o fragmento fugaz
                                    [do caos estruturado.

AO QUE OBRA

desconfio da obra
pretensioso cristal
inibição da vida
arranjo flormal

renego a manobra
inócua arapuca
de um pensamento
de uma situação

acredito em quem obra
mutante político
delirante
abobado

VAMP

a rua escura deserta
acelera o desejo
eu piso fundo no mundo
com o farol aceso

uma sirene: polícia
no retrovisor
não sei se é paranoia
ou se sou infrator

em cada curva fechada
espero pelo pior
estranho cheiro de sangue
ninguém ao redor

no carro o rádio enuncia
mais um assassinato
vejo seu corpo na esquina
paro o carro e salto

como vou te esquecer
seu beijo é mesmo assim
marcas no pescoço dizem
que o tempo todo só
queria assistir meu fim

>

um dia seu nome é ana
no outro dia janette
o tempo todo na cama
afiando a gilete

só sai na rua se for
em busca de uma brisa
e quando o dia começa
você corre da polícia

a vida inteira agitou
e hoje vive no vício
um vai e vem, entra e sai
na porta do edifício

o seu veneno é cruel
o seu olhar assassina
me queimo no seu calor
coração de heroína

como vou te esquecer
seu beijo é mesmo assim
marcas no pescoço dizem
que o tempo todo só
queria assistir meu fim

AZUL

p/ simone cavalcante

a cor azul safira
da baía
me aniquila no anil
de algum lápis-lazúli

sua cor azul-marinho
me azucrina
ou seria azul-turquesa
sua textura água e sal

a cor azul azul
da baía
me afaga me afoga
em sua claridade

abissal

ELE & ELA

ela quer ir ao cinema
ele já viu esse filme
ela quer um vestidinho
ele o que vai por baixo

>

ela pensa no futuro
ele entoca o bagulho
ela acredita no amor
ele reclama do calor

ela descabela com o desprezo
ele se penteia com arrogância
ela diz que ele sonha acordado
ele sonha com ela no escuro

ela acha ele tarado
ele coloca ela de lado
ela diz que ele é um número
ele prefere ela de quatro

ela morre de ciúmes
ele não vê nenhum motivo
ela mostra a foto do flagrante
ele diz que com ele é semelhante

ela diz que corta os pulsos
ele apresenta uma gilete
ela chora
ele é duro

ALMAS GÊMEAS

as mulheres
com seu cruzar de pernas bem torneado
seu ouvir o que quer
seu resfolegar espiritual
seu olhar ensurdecedor

os homens
com a mania de escalpelar desafetos
de discutir futebol
de extrapolar no gnocchi
de olhar pra bunda delas

cara de um
focinho de outro

EXP

mal vc abre os olhos
e uma voz qq vem lhe dizer
o q fazer o q comer
como investir

todos querem se meter
numa coisa q só
a vc compete:
viver a sua vida

deletar destruir detonar
esses atravessadores

a vida é uma só
e a única verdade
é a sua experiência

não terceirize sua vida

viva viva viva
essa é a sua vida

O OUTRO

só quero
o que não
o que nunca
o inviável
o impossível

não quero
o que já
o que foi
o vencido
o plausível

só quero
o que ainda
o que atiça
o impraticável
o incrível

não quero
o que sim
o que sempre
o sabido
o cabível

eu quero
o outro

O BEIJO

p/ simone silveira couto

todo mundo precisa de beijo
o ascensorista a vitrinista
a judoca o playboy
o zagueiro o bombeiro o hidrante

o hidrante precisa também
de cuidados água farta
analgésicos e dinheiro

todo mundo precisa de dinheiro
o maracanã o pavilhão de são cristóvão
o cristo a pedra da gávea os dois irmãos

quem não precisa de dinheiro?
todo mundo precisa de beijo

A BOLSA OU A VIDA

quem é mais metal pesado
a bovespa ou o sepultura?
a procura no mercado quem regula:
a necessidade ou a fissura?

comer beber vestir
amar, tudo é necessário
fissura é querer aquela marca
agá de publicitário

com o tal capital volátil
sutil e incontrolável
nem sempre o que amanhece
é o mesmo que anoitece

como o malandro que sabe
que a vida tem sempre razão
mais vale uma em cima da cama
que duas embaixo do colchão

CULPADO

foi mal lhe mal
tratei
como um tratante

mal educado
muito infeliz
pouco elegante

espero que
você me dê
mais uma chance

serei atento
a seu desejo
daqui em diante

DESPERTA!

viver a aridez
nada de chuva
nada de sonho
desperta deserto!
nunca mais olharcoíris
nunca mais ninar nominhos
desperta deserto!
não ouvir mais plenilúnios
não querer qualquer convívio
desperta deserto!
calar a boca
fechar os olhos
deserto.

VIDA

roer
moer
remoer
morrer

LETRA ELÉTRIKA

(1994)

minhocas arejam a terra; poetas, a linguagem.
Manoel de Barros

LUZ DA MANHÃ

a noite
cheia de vozes
se escondeu

raia o silêncio
luz da manhã
aqui vou eu

PAPAGAIO

estranho o poder do poeta.
escolhe entre quase e cais
quais palavras lhe convém.
depois as empilha papagaio
e as solta no céu do papel.

SAÚDE

o som e o sentido
davam-se muito bem

até que um espirrou

QUÂNTICO DOS QUÂNTICOS

será o poema reescrito outro
ou serei outro ao reescrever
o poema ou já que tudo muda
por que que você me olha com
essa cara de bunda toda vez
que eu lhe digo que já fui?

FALA PALAVRA

fala palavra
tu que és velhíssima
no entanto uma gata
meus afagos

agarrar queria eu teu lombo bom
mas és limo na pedra de imolar amantes
feliz seria se te flagrasse no banho
mas me afogaria na areia movediça
do texto da tua tez
só me resta te cantar
como um cego
que sabe a luz tão próxima
mas impossível
ou como um mudo que sabe >

um a um todos os tons
mas incapaz

fala palavra
furta cor de tudo e todos
apenas passas
        dás o nome
                e vais à caça
                bela e fera
                pantera
estanca o delírio romântico
nesse coração de poeta
cala em mim a paixão de te cantar
como um louco
que me vale saber tuas sonoridades
                teu tom de cristal
se no meio desse hospital
                fico tão impaciente

fala palavra
        fluido flerte
és versátil volúvel volátil
                diabólica
fala palavra
        mercúria sombra do nada

ANIMALÂMINA

I

minha manha
mina em mim

II

lâmina
cara do homem
fada do reino
animal

III

mínima alma
ínfimo eu
íntimo blues

início meio e fim
eu dentro de mim

XADREZ CHINÊS

I

na china a chuva
tem nuvens de nomes

aqui só chuvisquinho

II

o coração samurai haraquiriza a razão.

III

olho de chinês
vive rindo

IV

— não é *ou* é *e*, sacou?
— saquê.

PELOS POROS

desato o laço
o pano cai
acabou o drama
o amor reclama
outro show me atrai

seu corpo
minha igreja
pelos poros quero tê-la
que nenhuma dobra sobre
ao prazer de quem descobre

UH LA LÁ

pelas barbas de brahma
pelo bafo de shiva
pela bunda de gandhi

que mulher!

ENTRE

entre a coisa e o nome, a coisa
entre o vinho e a taça, o vinho
entre a boca e o batom, a boca
entre a mão e a luva, a mão
entre o pé e o salto, o pé
entre a pele e o pano, a pele
entre nós, nada.

QUEM ASA

quem casa, quer cousa
quem ousa, quer asa

SARA

se sara sarar d. saramp.
sara será sereia
p.is sara nã. é feia
emb.ra nã. seja um anj.
merece um s.l. de banj.

ALGUNS ANOS-LUZ ALÉM

por falar nisso, onde estávamos mesmo naquela última dose de cianureto? parecia uma festa. você dançava como uma ninfa. o puro ciclópico era apenas um mito no seu calendário. brisa, brisa, brisa, onde estávamos mesmo naquela última dose de cianureto?

mercúrio, você precisa de fósforo. desdaquela coxinha de amnésia, você nunca mais bailou belo como quem laila. já vos viste menos triste. um dia na aurora boreal, era mais um primitivo boçal, um peru na roda, um bandoleiro do além. eu que sempre te amei. mesmo em mingus, você me flambou o coração. você é ridículo como um esquilo esquálido. às vezes, digo. às vezes você é brilhante. mercúrio, passa seu cromo em mim!

brisa, como posso falar sério com você? você só me fala asneiras, besteiras, bobagens, letras de samba usado. assim não dá. precisamos nos envolver com o enredo do espetáculo. o público quer ação, coração.

espere mercúrio. onde estávamos mesmo naquela última dose de cianureto? estávamos em plenos corredores da quinta auditoria. você se encaminhava para a sala do júri. ia ser declarado culpado do crime de estupro. sim, você era o estuprador de boston. alguns policiais cheiravam suas mãos à procura de indícios que o incriminassem mais ainda. o juiz o recebeu. você de casaco de couro. foram uns quinze minutos a cerimônia. no fim só lhe restava sair do país. tudo são cenas de cinema. jornais da tela. bolas mercúrio, onde estávamos mesmo naquela última dose de cianureto?

ora brisa, por que será que as frases bailam em meus ouvidos como se fossem vento? isso me atormenta. me sinto no meio de uma borrasca numa lasca de cipreste. minha orelha dói. em vão. as proparoxítonas principalmente, me arrasam. uma vez eu estava viajando e entrei no bar paris, perto da montenegro, na pirajá. bebia uma cerveja para dominar a onda que era de rara frequência. tudo bulia aos sentidos. parou um camburão na porta. me pediram os documentos. tinha apenas um babilaque frio sem retrato falado. estava tirando o passaporte para o lado de lá. aí na quinta auditoria .... onde estávamos mesmo naquela última dose de cianureto?

MINA

cada veio da vida é uma mina
inesgotável
       inesquecível
              inexorável

PISCINA REVISITADA

então eu lhe pergunto
você gosta um bucadinho de mim?
e você me responde:
nem um naniquinho

aí je m'en fou
não sei o que faço
aí je m'en fou
não sei o que faço

você me analfabetiza monalisa
seu andar dândi seu olhar doidão
é four de ases na minha dupla de oito
fico tramando os treze pontos da sua loteria
mas você só dá zebra
é o goitacaz goleando o guarani no brinco da princesa

eu não paro de fumar
eu gosto muito de você
eu gosto muito de você
eu não paro de fumar

você pra mim é o susto é sapatilha
que apenas roça e destroça meu castelo de cartas
você é o pingo de um i cigano
você apenas tem sono e adormece   >

enquanto eu desgraçado varo as noites ladrando
feito um cachorro vadio

embora temporariamente arrasado
atravessarei todos os desertos
para mergulhar na piscina dos seus olhos

ENCARNAÇÃO

psycho love
amor platão
quando é que vamos
comer com a mão?

NA CONTRAMÃO

ela ali tão sem
eu aqui sem chão
nós assim ninguém
cada um na mão

ALICE

eu sempre fiz teatro
eu sempre vi teatro em tudo à volta
trezentos e sessenta graus de truques
a humanidade é

adoráveis artimanhas admito
engenhosas situações a nos envolver

me tranquilizo em saber
que aprendi a abrir
consideráveis picadas
com meia dúzia de estratagemas

AMIGO LUIZ

melodia é
melodia só
melodia pó
des crer
cada dia
melhor

SÓCIO DO ÓCIO

doce ociosidade
sacia minha sede de ser assim
largado no mundo caído na vida
terra mãe luz da manhã

doce sociedade ociosa sempre no cio
já aboliram a escravatura
pendure sua rede mate sua sede
de se espreguiçar

de volta ao princípio
onde o que come é comido
cru ou cozido
vou te devorar

viva nossa carne mortal
de partículas imortais
para pulsar
filhos do sol

até que se cumpra
nosso destino cósmico
sou sócio do ócio
eu sou

GANSO

só afogando o (passo de) ganso
vamos tirar o (brasil do) atraso

HELPLESS

o sus do susto o pó da pólvora eu quero
engolir sílabas e vomitar o pânico
só assim minhas unhas
encarnadas vão à máquina
para numa rajada de letras
tirar cada segundo ao marasmo

é assim que vejo cultura: bala no bandido
tiro no que encarquilha a linguagem

a língua é boa solta
fazendo escarcéu da sua boca
se embrenhando nos labirintos
dos seus ouvidos

perdida perdida

O PÉ E O PÓ

pedra tem pé
pobre tem pó
pobre da pedra
com pé no pó

A LÍNGUA LÂNGUIDA

tengo tengo
lango lango
desmilingue-se
a língua
lânguida no caos

zimbro zimbro
pago pago
desmantela-se
o castelo
na costela
da estrada

chique chique
nheco nheco
sem solução

a canção
aqui
se extingue

RRRRRRRR

falando os erres
é que se aprende
a falar errado

ANTIMEMÓRIA

                                                               p/ mônica neves

inteligência artificial
engenharia genética
: línguas congeladas num disquete

para nós
        hominídeos
só a lembrança de uma meia soquete
arrancada com desleixo
        delicado gesto de fúria   >

para nós
        homens vídeo
apenas o desejo a fissura
superposição de ondas
        misteriosomar

vertiginoso impulso atávico
de se incorporar no outro
ou se estuporar pra sempre

HUM

humanimidade
huminimidade
humaximidade
humanacidade
ohminhacidade
sórdida

CONTINUAÇÃO

— morreu...
— me dá.
mundial... palavra também é música...
stop. pressão na tecla 4.
passa uma curva. o carro derrapa...
— puta merda! tá foda de acender. freia!
tecla 2... introdução de gimme shelter...
o carro para. o tempo para.
estática... tecla 4...
o dedo empurra o porta-luvas...
a tampa cai.. o pé...
a mão puxa um talo de bambu...
quatro tapas depois
— já era.
tecla 2. estática. tecla 4.
— esse rádio tá uma merda!
um assovio emprenha o ar...
— aí... vamo pro miguel couto...
a tampa dessa porra estrunchou meu dedão.

a lagoa some na curva do jockey
alucinadamente.

DIADORIM

era um vento vantajoso
era um vento vinte léguas
era um cavalo teimoso
era fonte era ela

RATAZANAS

as maiores ratazanas já foram dominadas
não há nada a temer
está tudo sob controle
vivemos um momento de tensão
a responsabilidade está nas mãos
de cada um e de todos

mas há luz no fim do fundo
depois da tempestade, a bonança
teremos a vida toda
para boiar no mar da tranquilidade
agora no entanto é preciso vigiar
cada um é responsável pela vida do outro

alarme alarme
não há motivo para tanto
o navio afunda

mas o bote salva-vidas é espaçoso
o fim do mundo é uma realidade fictícia
se o avião da humanidade cai em parafuso
não há motivo para pânico
há paraquedas para todos

está tudo bem
o futuro está em nossas mãos
não o deixemos escapar

se a colheita não foi das melhores esse ano
há muita carne pra compensar:
tem rato pra todo mundo

não há motivo para alarme
está tudo sob controle
as maiores ratazanas já foram dominadas

PINOIA

presente de grego
cavalo de troia
por fora soberbo
por dentro pinoia

CONVALESÇO

p/ dr. ricardo lopes da cruz

convalesço
dos males que me infligi
das noites que não dormi
mulheres que em vão amei

convalesço
da vertigem que fiz de mim
do cavalo que quis meu fim
vida que desesperei

restabeleço contato
com tudo que quis pra mim
com o tanto que um dia eu fui
com o tal que desaprendi

restabeleço contudo
com tato tempo e afeto
com nada chamado pressa
nem nunca de outra de horror

com calma amanheço
da delirante noite do ópio
da nebulosa treva tenebrosa
do uivo lancinante do demente

amanheço
com a boca seca da miséria
com o lábio rachado do pavor
com o cinzeiro entupido de visões

amanheço com calma

FELICIDADE

                                                                                                      p/ silvinha

asa de borboleta
cabelinho de anjo
tudo são flores e cores
nesse feliz arranjo

POEMA IRADO

esse poema não quer ser mirabolante
                            malabarismo
sequer 3 cambalhotas

ele quer ser luz parto porra
da minha cabeça entrando na sua dor   >

esse poema não quer ser
retrato falado da vida

ele quer ser grito berro ba
la rasgando a carne por dentro

esse poema não quer ser épico
                                      ético
                remédio para epilético

ele quer ser chute na cara
soco no saco esporro decisão dura

esse poema não quer ser lírico
                                    cínico
                        hino político

ele quer ser vaca topada vô
mito cérbero devorando cabeça sua

esse poema quer ser ouvido fazer
sentido língua lá na sua orelha
sangrar completamente do cu ao caos

D'APRÈS VINICIUS

goteiras
melhor não tê-las
sem telhas
use uma tela
até lá
use mesmo uma panela

ENGENHO DE DENTRO

                              p/ nanda e nanico

liberdade pra gente
é o que o demente
pede lá do engenho de dentro
o suvaco do cristo solta os bichos
num delírio triunfal
e vem arrebentar no carnaval

mas de repente eu vi lá no museu do inconsciente
os grandes mestres fernando emygdio e raphael
uma folia de luz
uma orgia de cor
imagens que vem lá do interior

saúde não se vende
loucura não se prende
quem tá doente é o sistema social

quem inventou a camisa de força e o hospício
não apresentou o trabalho da gente ao capital
aí pintou dionísio
com sua turma legal
fazendo da loucura o carnaval

saúde não se vende
loucura não se prende
quem tá doente é o sistema social

RELEASE

quem lê
pensa que é easy
mas é hard
fazer release

SOBRE POESIA

a velha pergunta se instala
na sala do meu dia a dia:
pra que serve a poesia?
pra decorar cerimônia
pra debelar a insônia
para dar nume ao nome
ou para cantar meu amor
operisticamente?

novas respostas se agitam
em busca de uma saída:
a poesia é precisa
pelo sim e pelo não
pelo que do não é til
pelo que ainda é talvez
pela energia sutil
a poesia é assim.   >

de novo o problema aparece
e uma ruga se materializa:
como viver de poesia?
de fazer reclame anúncio
de letrar o que é melodia
de ficcionar o que é pedra
ou posando de poeta
oportunista lente?

enfim a solução transparece
em súbita luz muito viva:
a poesia se vive
sem meias medidas
no transitivo direto
sem tênis adidas
no infinitivo descalço
a poesia é o fim.

A COR DO SOM

a cor do som
a cor de om

a cor do
a cor de
a cor da
do

A VOZ

não o verso que fala
mas a voz que o diz
não o metro medido
mas o som que o ativa

serena selvagem
sem rumo sem pouso
veloz vai a voz
em batismo de fogo

do umbigo à boca
investida a pelo
viajando ela vai
voz a palo seco

>

em tubos transversos
a plenos pulmões
ela agora se abisma
arco-íris de sons

em salões empoados
ou em praças vazias
quando uma voz ecoa
toda noite se dia

se no corpo não cabe
e na alma não pia
entre o sol e a sombra
toda voz se esguia

OLHO

tu pensas que me vês
mas eu é que te vejo

eu sou mais poderoso
que o incrível hulk
mais incrível
que o poderoso chefão

porque eu sou
eu sou o olho
eu sou o olho
da televisão

VENDO TUDO

vendo tudo
tudo que não é para vender
tudo que não é para se ver
vendo tudo
a alma à vista
o diabo a quatro
vendo tudo
tudo que não é para se olhar
tudo que não se pode comprar
vendo tudo
uma lente usada
um olho de vidro
vendo tudo

OXO

era uma vez oxo
o bicho chocho
o cara frouxo
o moço mocho
o lero-lero
o zero a zero
o peso morto
o ponto torto
o lado lodo
o diabo coxo
o sapato roxo
assim foi oxo

SETE SACIS

p/ dener

sete sacis no mato

um pila
um pula
um pisca
um parla
um pinta
um pita

outro nada

VENTO

grafar uma música
é como querer
fotografar o vento

a música existe no tempo
a grafia no espaço
o vento no vento

RIMBAUD

cresta-me a pele o sol da abissínia
todo poeta é um traficante de armas

                  traficante de armas
todo poeta é um

NA ESQUINA

                                                p/ guilherme levi

na esquina da boca
o bafo é mais quente
de repente no baixo
o escracho alucina
na esquina da boca
o boato é frequente
diferente o embalo
se o baixo se anima
na esquina da boca
o barato é urgente
delinquente é mato
e o orgasmo uma mina

O AUGE DO OBJETO ROUGE

um banho de sangue
em toda a ideia doída

breve nesse cinema

DA MATA

da mata
só lírios
e lata

YUPPIE

bacana. parece dinheiro

TAO

para o outro caminho
por um outro caminho

CHISTE

inexistível não existe.

ÑÑÑ

negro não nada

LÚCIFER

p/ eliane siqueira

— lúcifer! lúcifer! retornai de onde vos exilastes diante da hipocrisia dos homens. vinde lá das entranhas das trevas nos dar tua luz, encarnada luz, único farol possível no meio do desassossego. lúcifer! lúcifer! retornai!

acordo no meio da noite com o nome do príncipe das trevas ecoando. vejo uma luz que vem como uma golfada vermelha de dentro do tenebrião para dar direção às minhas imagens pânicas. perdido no lusco-fusco, essa íntima aurora boreal clareia meus passos nesse labirinto. em toda baía, meu barco baila bêbado e a grande lua com seus reflexos prismáticos me desorienta dezoito pressentimentos. fujo de um, atravessando o charco em desespero para naufragar em outro, sibila tenebrosa, movediço pântano que me quer devorar com suas garras crustáceas. aí de dentro de mim, do fundo da noite eterna, um único grito brota

— lúcifer!

então uma onda de fogo e luz me aquece e ilumina e o louco lago se rasga. do seu leito seco, nasce um olho aceso que sabe onde pisar. sim, senhor das trevas, agora acredito na força das imagens primordiais. sim, pastor da noite, tenho fé nas vozes que emergem das minhas vísceras. sim, mestre ctônico, agora olho as serpentes, os cães, os gatos, com o olhar numinoso de quem vê os encaminhadores. e todos

rendem homenagem à luz que vem de onde não se vê,
ao calor que brota das águas geladas. e todos tecem loas
ao lendário andarilho vagabundo que crepita em toda lenha
e repercute carnaval.

— lúcifer, senhor dos caminhos! iluminai nossas veredas.
desencadeai a ígnea tempestade para que o mais humano
entre os deuses, o mais santo entre os mortais, possa de
novo caminhar à luz do dia, com seus chifres, cetro e rabo.
lúcifer! lúcifer! imperai!

COMÍCIO DE TUDO

(1986)

CHÁ E SORRISO

oh! que grata surpresa
mas limpe os pés no tapete
as torradinhas estão quase quentes
espere até a hora do chá

seu vestido combina
com a bolsa e o sapato
cabelos presos dente escovado
dê um sorriso e um olá

não enfie o dedo no nariz
nem diga aquilo que sempre quis
se porte como uma atriz

é... aqui o que vale é mise-en-scène
retoque a pintura passe um creme
cante um trechinho de la bohème   >

sente-se no sofá
que é de herança e família
seja fina converse com a gente
até a hora do chá

oh! que grata surpresa
mas limpe os pés no tapete
as torradinhas estão quase quentes
espere até a hora do chá.

VOYEUR

gosto da janela, de você e da tv
de você que é amarela, dá beijinho e é em 3d
da tv quando aparece a regina, a soninha ou a maitê
da janela, d'olhar dela

só que você não tem moldura
é a completa loucura
você não tem fim, não tem meio, nem começo
você chega assim como quem não quer nada
faz piada, arrepia e arrebata
esse seu
volúvel espectador

ANDREIA ANDROIDE

conheci uma tal de andreia
acho que ela é uma androide
seu jeitinho me dá a ideia
que ela vem de um asteroide

toda vez que vamos passear
ela quer ir a uma oficina
diz que lá ela se sente bem
entre óleo e gasolina

se a convido para ir jantar
ela só quer isopor
e depois em vez de café
pede graxa no motor

esses dias quase me atropela
com um rolo compressor
só porque eu disse que ela era
linda como uma flor

nosso caso anda mal parado
acho que insistir é besteira
se escapar dessa robozinha
eu me caso com uma freira

ESTÁTUA DE SAL

o jogo das contas de vidro
o timbre da nota cristal
não te olho de frente, rainha
senão viro estátua de sal

CURRAL DE DEUS

cães ladram ao longe
galos abrem o berreiro
cigarras se despedem da vida
sapos coaxam a verdade

e assim vai mais um dia
nesse curral de deus

NEGRO CORAÇÃO

negro é meu coração
minha alma, uma folia
nos teus olhos vejo um rio
me chamando pra bahia

essa vida é um carretel
levo ela por um fio
quando morrer vou pro céu
embriagado num navio

me criei numa senzala
capoeira foi meu chão
fiz o dia de xangô
cair no de são joão

o meu tom de pele preta
bem mais claro se tornou
alguns dizem que é astúcia
outros dizem que é amor

FRUTAS & FERAS

eu espremo uma laranja
dá saudade de você
com seu suco amarelinho
se espremendo pra me ver

como uma jabuticaba
eu me lembro de você
com seu tom bem moreninho
invocada como quê

traço uma manga carlota
eu só penso em você
vêm-me uns fiapos na boca
na mangueira eu e você

eu estruncho um figo cru
eu não vivo sem você
vêm a vontade lá dentro
de te ver e de te ser

a fúria de uma fruta fera
quando se desfruta é bela
traz estampada na carne
o gosto simples da terra

DISTINTO POVO DA TERRA

saudações siderais!
viemos em missão ingrata
seduzir a sua mina
sequestrar a sua gata

saudações siderais!
não nos leve a mal, terráqueos
acontece que essa mina
está em todos astrolábios

saudações siderais!
tentaremos ser mais claros
se ela fica só na terra
não sobra pra nem um carlos

JEEP LUNAR

era uma vez o sol e a lua
se refletindo no céu e no mar
a velha terra entrou numa fria
falta energia
desligaram o ar

chegou a hora do carro zunir
chegou a hora do jeep lunar
agora eu quero me divertir
agora eu quero me esbaldar

CALEIDOSCÓPIO CINEMASCOPE

a vida é um cristal
que se reflete em pedaços
a vida como ela é
é a coleção dos cacos

vi um filme que aladim
da lâmpada tirava um gênio
ele era james dean
e tinha a cabeça a prêmio

eu parti do irajá
passando por paraty
eu ainda chego lá
até onde quero ir

vi um filme que fellini
fez num ensaio de orquestra
tinha tiro de canhão
e acabava numa festa

se no mato me perdi
nesse mato me acharei
entre mais de mil picadas
numa delas sou o rei

eu vi deus e o diabo
dançando na terra do sol
glauber rocha era o máximo
tão bom quanto o rock and roll

minha estrada é um filme
cheio de amor e ódio
pra onde quer que me vire
cinemascope caleidoscópio

POP ART

ande logo seja breve leve love
breve leve now ou never leve love
art art art pop
é melhor e dá ibope
pop pop pop art
antes que você enfarte
pop art é cultura
aproveite enquanto dura
pop art em toda a parte
agora também em marte.

pop art: use, abuse e descarte

COISA

coisa coisinha coisaça
coisa nenhuma coisa nonada
coisa à beça e de montão
coisa coisinha coisão

COIOTE

soltem os cachorros
soltem os cachorros
escutem esses berros
vêm lá daquele morro

abra no pinote
abra no pinote
hoje é lua cheia
e é dia do coiote

com toda essa lua
não saia só na rua
se seu santo não for forte
você esbarra com o coiote

e nesse céu azul
seu uivo é um blues
e nesse céu azul
seu uivo é um blues

no bote o coiote
não traz no dente a sorte
no bote o coiote
traz no uivo a sua morte

>

e nessa lua azul
seu uivo é um blues
e nessa lua azul
seu uivo é um blues

LINHAS TRAÇOS

quadros abstratos
figuras impressionistas
quero pegar pesado
quero ser artista

óleo sobre tela
meu coração é dela
spray na parede
mata minha sede

claro escuro
cores caras
linhas traços
noites claras

verde, azul e preto
amarelo encarnado
entre formas brutais
e o olho desgraçado

CAMARIM

adentrei o camarim
como um encouraçado potemkin
com mil marinheiros sublevados
fazendo algazarra dentro de mim

BERMUDA LARGA

muitos lutam por uma causa justa
eu prefiro uma bermuda larga
só quero o que não me encha o saco
luto pelas pedras fora do sapato

G & D

o d do meu dedo
no g da guitarra
me arranha
me agarra

o d do meu dedo
no g da guitarra

>

um com o outro se completa
um no outro se amarra

o d do meu dedo
aponta para o ocidente
terra do cachorro-quente
para-choque reluzente

o g da guitarra
no d do meu dedo
me arranca
desse medo

o g da guitarra
no d do meu dedo
me embala
desde cedo

o g da guitarra
para o oriente vai
e do sol nascente traz
uma espada samurai

ANATOMIA

pego a palavra no ar
no pulo paro
vejo aparo burilo
no papel reparo
e sigo compondo o verso

DROPS DE ABRIL

(1983)

VALHALLA

está tudo fosforescente
parece um campo de força
uma cápsula lunar
está tudo vago, muito vago
estou nas fronteiras dos campos da paz celestial
não ando.
nado submerso no mar egeu.
sossobro estabanado no mar da tranquilidade
ferido em batalha adentro o valhalla
e desfruto o hidromel das walkyrias
queres? querias.

parece que me transmutei em alguém
esses cabelos não são meus
esse tom de pele, eu desconheço em mim
algo acontece e você não sabe o que é, mr. jones   >

eu sou o subtítulo de uma obra inacabada
sou o sol de uma sinfonia atonal
passei por um buraco no céu:
a loucura é um sopro no ouvido.

DENTES DE AÇO

eu te arranco um pedaço com meus dentes de aço
e faço e refaço no peito e no braço
e te arranco um pedaço com meus dentes de aço

e você acha pouco e diz que sou muito louco
mas eu não dou carne a gato e não vou pagar o pato
dos teus ais dos teus sais

eu quero é mais
planetas estrelas cometas
virgínia sofia roraima

bem... mas não se fala mais nisso
até que você descubra que
a bomba h a bossa nova
estão na ponta da língua

NA JAULA DO APARELHO

na jaula do aparelho
a gente rosna para a paisagem
com bafo de supra sumo
menta anis hortelã

na jaula do aparelho
a gente se entope de pizza
e depois toma prise no asfalto
na fila do rex do roxy do rian

na jaula do aparelho
a gente se esfrega nas paredes
do estômago dessa comunidade
e vomita vidro fumê jururu jererê

de olho naquele espelho
às vezes esqueço de ti
dentro do olho vermelho
da jaula do aparelho

nas florestas do universo
o homem caval
flex flui nu fla é
olimpic maraton
pau brisa terra fogo gol   >

nas matas desse mundão
o poço disse pra poça: vem fundo
e a poça disse pro poço: sou uma moça
a roça, a troça, como coça

nas janelas dessa rua
gatos cinzentos espreguiçam
mocreias maravilhosas malandros
molhando o panorama se entrelaçam

nas janelas dessa alameda
entre jaulas imundas
florestas eletrificadas transam transístores
por uma nesga de transparência

nas janelas desse andar
quem foi ao ar aprendeu a voar
nas janelas dessa rua
alguém espera por mim

nas janelas desse estabelecimento
não sei se pulo pra fora ou pra dentro

CÂNDIDA

dama daminha
d'amá-la haverei
entre tantas.
entre nós,
o coração vaga sem cessar

fino trato
toque tato
és um taco
tasco descolado
do tic tac
do meu coração

tecer a teia
com fio fluido inflável
um casulo
um casaco
um samba legal
a nos cobrir com carinho

insinuante cidadã
que por aqui tricota
nos becos aos beijos

uau   >

châma-la arriscarei
no meio da madrugada
rouco embriagado
limpando as unhas
com um punhal

não me atirarei em poças d'água
não espere isso de mim
não desaparecerei
impunemente da vida
me atirando num buraco.
a vida avoa e vai mais longe
até o fundo do poço
cuidado moço
pra não falar palavra errada
cuidado cantor

de vez em quando
vem um vento bobo e sopra:
é preciso acreditar
é preciso ter uma paciência revolucionária
é preciso ter uma fé inquebrantável
é preciso ter fantástica felicidade
de vez em quando
vem um troço tolo
trazendo toleimas

da médula do cavalo
inter cep tarei
tuas ondas vespertinas
diana das noites da vila
caçadora má
bruxa malévola
decepa-me o crânio
e guarda de recordação
como aquela mulher da bíblia,
a salomé

salamaleicon camaleoazilda
descozilda pela vida
conceição da imaginação
cruzeiro do firmamento
de vez em quando
vem um vento ventríloquo
soprar frases feitas
na enfermaria do tempo

dama daminha
adoro teu português
castiço curtiço
você me atazana, tesouro
você é zarabatana
no olho do inimigo
linda linda linda
ainda longe de mim   >

por quantos séculos
quantas medidas de tempo
passearemos apressados grilados
até que um momento de bobeira
caia sob medida pra gente
cabelo no pente

MINISTÉRIO DO INTERIOR

pensamento é o fragmento fugaz do caos estruturado
a palavra é o estágio imediatamente after da sensação
que faz parte do estágio necessário do
                              [aperfeiçoamento humano
de sentir a melhor maneira de relacionamento franco

a palavra é um domingo de sol no
                              [estádio municipal do pacaembu
se ela pinta tudo mais se cria não mais que num instante
existindo no mesmo movimento que a crassa ignorância
em que se fica só naquela ânsia de comer melância

de comer melância na santa ignorância
de comer melância com muita exuberância
de comer melância com maria constância
de comer melância
de comer

O CRU OVO COZIDO

era uma vez uma ova um ovo
criou-se ovo por redundância
talvez por ignorância
em vidas passadas

tribunal tribal oval ovo

ovo foi rolando por amor
e por engano rolando parou
na vitrine do bar patamar

cru nu de corpo e alma
cru nu apaixonado
pelo falso colorido
de um ovo rosa

rosa raso riso rosa

o nu ovo cru pelo cozido
foi dado e comido

NÚMERO DA PAIXÃO

na corda bamba
quero ser teu contrapeso >

no número das facas
assoviar nos teus ouvidos
no globo da morte
quero ser teu copiloto
no vai e vem do trapézio
quero ser quem te segura

quero te acompanhar pelas ruas do rio
sorrindo ou chorando
quero me molhar todinho só pra te deixar
sequinha nesse temporal
quero te abraçar apaixonado
sentir teu coração pulsar
quero te beijar do oiapoque ao chuí, bem te vi

porque eu sei que teus cabelos
são tempestades que me alucinam
que despencarei cada vez que subir nos teus andaimes
que me esfaquearei transtornado
com tuas sutis insinuações sobre o tempo
que me transmutarei em nêspera
cada vez que me disseres:
— hasta luego, luz del fuego
que vagarei sem esperanças quando não mais fizeres parte
das cenas dos meus próximos capítulos
que capitularei enfim, com a cabeça espatifada
nos escombros do meu próprio coração

BOCA ROXA

(1979)

DUENDE

da orelha esquerda de moisés
saltava um duende capenga
nas noites de lua nova

CARNAVAL

morro de amores
e mordo diamantes

e dos cacos de meus dentes sangrando
faço um cordão para enfeitar sua fantasia.

SOLIDÃO

a solidão deixou em você
uma estrela negra
enfeitando a menina dos olhos

NA BEIRA DA PISCINA

uma toalha um óculos
uma lágrima de dor
ou
uma gota de sangue
debruçou de olhos
desiludidos

na beira da piscina

NO CORREIO

no correio vai o envelope
no envelope vai a carta
na carta vai meu pesar
pela morte da tua tia

PEREKETÊ

fala de vivências tuas.
eu, só, falo de mim
ou de muitas coisas que
sou eu revisitado.
pereketê e nós nos entendemos.

REVOLUÇÃO

fome na vila
senhor capitão
espada na cinta
o rabo na mão

NA RODOVIÁRIA NOVO RIO

bar farmácia café
bebedouro w.c.
souvenirs
nesse aglomerado eterno
passageiro

JEEP CABELUDO

perto duma placa na estrada
algumas pessoas esperavam.
o jipe cabeludo passou descabelado.

FORMIDÁVEL FORMIGUINHA

formidável formiguinha
vai a tua toca tocaia
e traz formiga formosa
homenagens
curiosidade

BOAS MANEIRAS

de fazer café
de fazer versinhos
de fazer feitiço
de fazer amor

.... tratar comigo.

PRONTO PRA OUTRA

gravei seu olhar seu andar
sua voz seu sorriso
você foi embora
e eu vou na papelaria
comprar uma borracha.

CARA DE CAVEIRA

minha cara é de caveira
meus olhos são de vidro
e vocês não me dizem nada

no meu corpo tem um sangue
amargo e verde
meu coração é à prova de choque
e vocês não sabem de nada

tenho pés de andar em qualquer chão
as mãos livres sem argolas
e vocês tremem por nada

minha memória guarda coisas bem curtidas
eu sou minha memória bem curtido
e vocês não são de nada

ZOOM IN

um pássaro sobrevoa em círculos
uma aldeia de esfomeados
uma lâmina goda encarnece
uma garganta animal
gume goma gama
uma aldeia de esfomeados
uma lâmina goda encarnece
uma garganta animal
um grito gutural
goma gama gume
uma lâmina goda encarnece
uma garganta animal
um grito gutural
uma gota encarnada
gama gume goma
uma boca encarnada

VIDA DE ARTISTA

sempre deixei as barbas de molho
porque barbeiro nenhum me ensinou
como manejar o fio da navalha

sempre tive a pulga atrás da orelha
porque nenhum otorrino me disse
como se fala aos ouvidos das pessoas

sou um cara grilado
um péssimo marido
nove anos de poesia
me renderam apenas
um circo de pulgas
e as barbas mais límpidas da turquia

AMBULATÓRIO

band aid
bandagem
branca embalagem

ANTIGAMENTE

a roça
a troça
como coça

A ESCOLA SE REMOÇA

a cúpula dos engenhos se curva ante à máquina.
eles sentam em cima dos colarinhos e ouvem
                              [um estranho ruído
da caixa de olhos vermelhos.
o computador fala uma língua que há muito,
por vaidade, eles desaprenderam.

UMA VASSOURA

estacionamento vazio
(era tarde)
a luz de vela escorria
por baixo da porta
da sala de espelhos.
uma bruxa brincava
de s'iludir.

DEIXA PRA LÁ

sabe essas unhas do pé
que a gente tira com a mão
pra ficar brincando? pois é,
naquela loucura toda
perdi a que mais gostava

BRIC À BRAC

— é o braço. o breque quebrou.
— abra a boca
— com a breca. é o braço.
— uso a broca e logo brincarás
— brinco com o braço breve?
— faz três embrocações e brinca.
— brigado

BUMERANGUE

bola
    branca
        vai
            PING
            PONG
        vem
    branca
bola

ALMA DE ÍNDIO

das pessoas que a gente gosta
o que dá vontade é
quando se encontra
dar uma barrigada
um abraço um grande beijo.
mas a mórbida catequese
se instala na alma desse índio
sem cerimônia.

MEU AMOR

eu não sou excepcional, mas meu amor é
eu sou até bem mesquinho, mas meu amor não
eu não presto nem um tiquinho, mas meu amor yes
faça de mim pudim me mate me enterre
mas salve meu amor: o interne na ABBR.

JOGO DURO

acho que me falta tato
pra mamar na tua teta
pra te chamar de minha preta.
acho que sou o maior pato.

AVIÃO

avião vai
avião vem
nenhum me chama de meu bem
avião vem
avião vai
nenhum me chama de papai

É PROIBIDO PISAR NA GRAMA

o jeito é deitar e rolar

NARIZ ANIZ

(1979)

PAPO POP

vamos bater um papinho
bem popinho
vamos bater um pozinho

UMA REDE UMA RODA

se saio na rua
não levo guarda-chuva
não levo destino
quero um susto

se caio na tua
não quero guardanapos
não quero certeza
trago uma rede
e uma roda

COM A CARA E A CORAGEM

ele é um cara sem cabeça
mete a cara
sem cara ou coroa
com a cara e a coragem

SOLO

não era dia. um bebê me acordou chorando. em torno do choro, o cheiro estragado, cigarros, pedintes.
voltei a dormir.
o dia não era. e sonhei pessoas novas em sonho. som de guitarra, pivetes dançando. zazueira. stop in.
já era dia. o corpo murrinhava contrariado. mudei a camisa vagarosamente. e andei como quem sai. saí.
as ruas amanhecidas. se chamava Feira de Santana. a feira botava as mangas de fora. descansei o cansaço. cigarro entre barracas.
laranja, melancias farejavam o ar. cheirava bem o dia agora. o sol tilintava o frio da pele. o sol vai esquentar me aquecer o excesso sujo. se quiser.

ônibus feira-salvador 29/sábado, 6:00 de janeiro desse ano enquanto a bahia se aproxima e as frutas recendem.

FOGO-FÁTUO

ela é uma mina versátil
o seu mal é ser muito volúvel
apesar do seu jeito volátil
nosso caso anda meio insolúvel

se ela veste seu manto diáfano
sai de noite e só volta de dia
eu escuto os cantores de ébano
e espero ela chegar da orgia

ela pensa que eu sou fogo-fátuo
que me esquenta em banho-maria
se eu explodo sou pior que o átomo
ainda afogo essa nega na pia

NO BARCO

homem com cheiro de peixe
peixe com cheiro de homem

um por dentro do outro
nas marés de lua cheia
na praia dos idos de março
no píer da praça 15
no barco

INTOLERÂNCIA

helena tece sua mortalha de fios
resignados, cansada de intolerância.
solidão.
geraldo chegou ontem e disse: — eu quero você.
helena levantou os olhos e sorriu.
hoje geraldo foi embora com o resto de helena.
cansada de resignação, helena tece com fios
solitários sua mortalha.
intolerância.

RELEMBRANDO O CATUPIRY

de arembepe
a guarapari
rolou redondo
rolou risonho
como um queijo catupiry

nas aldeias
pescando siri
sorriu cheiroso
sorriu cremoso
como um queijo catupiry

GIRASSOL

cravo fundo um
cravo no mundo
gera   rei
gira   sol

"UM POETA NÃO SE FAZ COM VERSOS"

o poeta se faz do sabor
de se saber poeta
de não ter direito a outro ofício
de se achar de real utilidade pública
no cumprimento de sua missão sobre a terra
escrevendo tocando criando

o que pesa é não se achar louco
patético quixote inútil
como quem fala sozinho
como quem luta sozinho

o que pesa é ter que criar
não a palavra
mas a estrutura onde ela ressoe
não o versinho lindo
mas o jeitinho dele ser lido por você

não o panfleto
mas o jeito de distribuir

quanto a você meu camarada
que à noite verseja pra de dia
cumprir seu dever como água parada
fica aqui uma sugestão:
— se engaveta junto com os seus sonetos
porque muito sangue vai rolar e não
fica bem você manchar tão imaculadas páginas.

OUTRO PAPO

vamos conversar, comunista meu cumpadre
mesmo que não seja comunista, minha irmã,
vamos conversar trocar ideias coisas vividas.
figurinhas.
vamos confessar nosso amor dividir
nossa dor aumentar nosso prazer.
vamos conversar francamente
sobre todos os nossos pecados
e sobre o vir a ser.

CAMBALEANTES

a gente
tropeçando
a estrada
levando
a noite
sem estrelas
a chuva
enlameando
a terra
sem afago
a pedra
furando
a ponta
ferindo
o pé
sem sa*
o dedo
sangrando
o corpo
seguindo
o passo
sem certeza
o saco
pesando
o peso
cansando
o sono

sem colher
duas horas
(terríveis e sonâmbulas)
de paraty
a itatinga

* pato

JOGO

o jogo que gosto
que jogo tem gosto
de semibreves

meus pés dançam
descansam e se mandam
pelo mundo

O BILGODO

derrepepente decresceu de dentro
de mim um bigode um bogode um bobode.
veio acompanhado de uma doce barba.
depois de um breve enlace se desentenderam
e como o bagode é homem ficou sizinho.
mas quando lembro do bilgodo
que me enferruja as fuças
que me empentelha as ventas
que me empapuça a boca
mas que enobrece a vida
que surrealiza a cara
quando me lembro desse decantado tubérculo
assoo o nariz

GARRANCHOS

esses garranchos
como garrincha
garrelincha
e mata um joão.

À FIAT LUX

— você tem fogo?
faz-se luz em teu cérebro. sabe por hábito
que existe uma caixa de fósforo no bolso.
você risca o palito e acende um cigarro.
agora o processo inverso e a caixa está
novamente no bolso. uma caixinha tão linda
marca olho pinheiro ou beija-flor.
— falou.

....

MUNDO AO AVESSO

a visão é a ponte pro que há e vejo
que não te vejo, não te encontro,
não me conformo.
fecho os olhos e você pinta na tela dos sonhos.

PEÇA

peça era uma peça muito curtida
realmente uma peça indispensável.
ontem peça morreu.
consumiu-se num ato.
só.

OK + KO

up and down
smile and tears
light and dark
warm and cold

ok + ko

that's life

DE MANHÃ

a certeza de que as coisas
são assim mesmo
maneiríssimas
de que você fica
muito bem
ao meu lado

— bom dia!

ONDA

a onda ....
o que é a onda?
— a onda é spruvs.

CADÊ O CARA?

cadê o cara q se afogou?
cadê o cara q se afobou?
— tá espaçonamorgrafando

ONTEM

ontem hoje amanhã e sempre
a mesma coisa
às vezes varea
escassa rarea
vaza enche esvazia
depende do dia

OLHOS VERMELHOS

(1979)

RECLAME

se o mundo não vai bem a seus olhos
use lentes ....
ou transforme o mundo.

ótica olho vivo
agradece a preferência.

AS MÃOS

as mãos se despedem
nos impedem
e nos dão bom dia

BOA VIAGEM

o paletó
folgado abraço
a rolleyfolha num bolso
e alquimias psicodellos
em novas embalagens.
vestes sorridentes
viajante solitário.

DIVISA

o barro basta
sem dádivas
sem dívidas
sem dúvidas

RESPEITÁVEL PÚBLICO

apresento muy desabutinadamente
uns textículos que acabo de fazer:
os meus... mexidos.
(não repito esse número, a não ser
a pedido do 14 bis e seu aeroplano)

BABEL PAPEL

e línguas como que babel
se rebelaram
e saíram de um bilhão de bocas
que ocas sorriam nuas fluas
e depois um bolão de línguas
se borracharam
e bocas como que papel

PREFERÊNCIA PESSOAL

pondria star a ouvir música
ou com o casal no telefante
a trepar ventre entre nós
pondria staca a mirrar
merror que mierda
contando mi quedo
a alinhavar poliedras
em mi quarto de dormir

SERÁ QUE 80 VAI DAR PÉ PRA MIM?

q vou andar de disco voador
q terei o metal infernal afinal
q reencontrarei os seres de meu planeta de origem
q vou ter um automóvel
q fará ninho em mim uma paixão terrível
q publicarei um livro com letras iluminadas para se ler
no escuro
o futuro, esse mistério

VENTO VADIO

às vezes vem um vento
e levanta a aba do pensamento
jogando o meu chapéu pra lá da possibilidade

ESTILO

— aí... tem letraset tipo futura romântica vazada n° 65?
— tem.
— e quanto é?
— Cr$ &*¨%#@ ()... e caquerada
— pode deixar, eu bato à máquina mesmo

PINGOS & GOTAS

a chuva lambe a rua dos pingos dela.
a gota só pinga no banheiro do 403.
os pingos são pisados / atropelados e
é como se não estivessem nem aí.
já a gota grila, me esgota a gota.
e nem se liga
(não sei se repararam que:
a — a gota pinga e o pingo pinga.
b — a tinta pinta e uma pinta pinta
e despinta).

REGRA DE OURO

antes de P e B
não se pode usar N.
muito menos o inefável.

BICICLETA

minsina a andar de bicicleta
que eu perdi o equilíbrio.
eu tensino a levantar tapetes
e a construir o caos.

HINDUMENTÁRIA

acho que vou lançar um gorro azul na cabeça.

GARRINCHA

a maior glória do futebol
nasceu em pau grande só
pra sacanear o vernáculo
e pra zombar da anatomia,
perna torta.

GAVETAS E GAIVOTAS

a papelada amarelada
ficou vermelha indignada
e disse:
— que nada. vou virar gaivota
e me atirar pela janela.

MELECAS

melecas, as tenho em várias cores e feitios.
mas não estão à venda. durmo com elas.
às vezes tiro uma e como.
quando tem gente olhando,
enrolo e jogo fora
pra não ganhar fama de porco.

CARTAS DE NAVEGAÇÃO

as correções feitas nas redações de colégio
eram feitas em cima de erros de ortografia
as redações feitas nas recreações dos colegas
são em cima das cartas de navegação

TAROL

tarimba maraca marimba
mambo lance de dados sonados

mariscos ariscos compõe o baile que já esquenta.
dionisíacos batuques. meu coração bate como um toró.
como um tarol marco o compasso como posso.

LÍRIOS NO POMAR

também tenho fumado muito
porque pouco há o que hablar
pessoas são assim
coisas são assado
a boca secou
a palavra foi ao cinema
com o dicionário
e, se quiser, cultivo lírios no pomar

GRANDE PRÊMIO BRASIL

o cavalo que a corrida ganhar,
ganhará a medalha da ordem do cruzeiro.
o cavalo que chegar por último
será chamado capenga molenga asno.
o cavalo que não chegar
terá uma estátua equestre
quando mudarem as coisas no país.

AMOR PURO

nosso amor puro
pulou o muro
caiu na vida
jamais seremos
o par romântico
que outrora fomos.

CÉU DO SUBÚRBIO

não tenho nenhuma observação a fazer
sobre a vista da minha varanda
nenhuma a não ser o céu largo e iluminado
do subúrbio do rio de janeiro.
céu que se alonga ao longo do mundo inteiro.
a terra é redonda e não é de todo mundo.
só dos terratenientes.

TE MIRO

deixei meus olhos escorrerem
ao acaso sobre você
e só achei satisfação.

QUAMPÉRIUS

(1977)

QUAMPÉRIUS VIDA E OBRA

data de 1976 a primeira nota sobre a existência de quampérius. trata-se de uma inscrição hieróglifa na cripta de aknaton. entre figuras humanas dançando, uma pequena aeronave puxa uma faixa onde se lê: "quampérius nepomuceno saúda aknaton".

CAPRICHO

pantuflas, velho cancioneiro etrusco, conta que nessa época
quampa era expert em adivinhar o futuro decifrando
contornos de fígados de pombos. abria o pombo lia o futuro
e comia as asas. depois de quatro mil asas conseguiu
enxergar no escuro e captar mensagens do além-mundo.

quampérius aprendeu a voar com uma cabra que ele criava
com especial carinho pois ela falava. certo dia quampa
perguntou à cabra de nome capricho: "— me ensina a
voar". capricho disse simplesmente: "não faça como eu".
e quampérius voou.

o primeiro voo foi um rasante em volta da casa que morava
com capricho. com o tempo aprendeu a dar loopings wimps
and drums. às vezes ficava horas sem teto para aterrissar.
nisso ele se parece comigo, só que eu não sei voar.

O CÃO

quampérius nepomuceno foi servir ao exército do povo,
já que no brasil tinha sido recusado por insalubridade
impaludismo desvios de toda ordem: mental, sexual y
política.

então, esse guerreiro nato no sentido lato pegou um jato pra
boca do mato e desceu no delta do mekong. ali se aliou ao
inimigo já que não tinha amigo naquela zona. chefiará a
infantaria faminta do khmer vermelho na célebre batalha do
tuiuti, dominando desdentão o tráfico de heroína no sudeste
asiático.

venceu kaoky às margens do ganges com apenas um tiro:
na cabeça de kaoky. ao lado de lumumba caçou os
trigrezitos de papelucho que infestavam a áfrica e entrou
vitorioso em saigon à frente de seu cordão encarnado.

pra comemorar mandou fazer um selo em honra a ho chi
minh pra que o mundo visse a eficiência do correio cubano.

A TIA SURDA

quampérius me confessou um dia bêbado que adora
inventar, que a realidade está impossível, que o realismo
fantástico é uma onda assim como o neorromantismo
clássico é uma merda, que o garçom era uma tia surda
disfarçada e que não tinha grana para pagar a conta.

disse-lhe cúmplice: "eu tambembem".

saímos correndo com a tia surda atrás.

SÓ

quampérius nepomuceno e coseno não era coisíssima
nenhuma.

assaz violento no entanto meigo. era ou melhor, é. até hoje
vive vagando por becos esquinas ruínas dos subúrbios das
metrópoles anoxigenadas qual penada alma.

quampérius, meu irmão, fala pra mim tuas dores teus pés
em unhasuja.
onde vagas vagabundo?
volta pra tua mãezinha.
ó quampa, sabemos como é duro ficar só.

QUAMPATOUR

quampérius era amigo de átila, rei dos hunos. cavalgou com ele. bebeu com ele. com ele aprendeu as artes da guerra e devastou países inteiros. saqueou estuprou tacou fogo. até que um dia cansado virou beque da seleção sueca. depois conheceu thor que lhe martelou tanto a cabeça que foram juntos conhecer o infinito.

MAR MORTO

mas quampa não era só aventuras. ele também era um pensador folgado. reflexões ele faz até hoje. é dele essa joia: "pensamento é o fragmento do caos estruturado" ou "o tatuí tá pra areia como o homem tá pra mulher ou vice-versa".

tem dias que ele fica sem abrir os olhos em sua caverna contando o que vê para capricho. a cabra, de tão atenta, sempre deixa o feijão queimar. depois se desculpa safadinha: "é culpa do mar morto".

ANTROPÓFAGO

quampérius é de família mineira. tem prazer num tutu numa couve com farofa e nas minas em geral. seu coração tem o ferro de sabará e no paladar o estanho de porciúncula.
foi assim que nepomúrcia se viu às voltas com a TFM.

pra se falar da TFP é preciso estar mal do fígado ou armado.

um dia, um desses tradicionais veio lhe perguntar se ele já tinha ouvido a palavra de deus.

quampérius tentou contar até dez mas lá pelo seis deu-lhe um preto e saiu jantando o apóstolo. desdantão adotou a antropofagia.

SÁTIRA SATÂNICA

yeah yeah yeah
         inheco inheco
                  ha ha ha

a bela branca, largada no espelho, vista da cama desprendia um aroma suave. suava a suína. se contornava na largura de seu comprimento. vaquejava a elasticidade do lombo, lombosaura que era.

a tudo vendo, o dragão fumava um chillon de chinelo e chispas nos olhos. só o sangue pode matar a sede de um dragão das mil e uma noites passadas ao léu.

o dragão anterior interior criador — o.

o mel da capa negra avermelhou o branco brinco* da bela branca.

* uma mentirinha não vai atrapalhar a dança.
a propósito, foi uma orelha arrancada.

ROMÃ

alguns dias depois, quampérius conhecia anabela. foi que ela vinha atravessando a rua do ouvidor na hora do rush cheia de rouge e pressa.

distraído vinha nepa na direção contrária (sempre do contra esse imbecil). vinha lendo o significado da palavra temporão na pág. 454 do dicionário do aurélio. anabela além da pressa carregava um jarro de plantas ornamentais. tudo para acontecer o choque que de fato aconteceu. pernas botinhas sem meia bundas folhas cacos pentes chaves babilaques tudo pro ar. os carros buzinavam, o guarda e o apito, nenhuma alma prestativa.

ana e quampa ficaram por long time atordoados como barata tonta. quando a visão d'ambos desembaçou e o foco focou, eles entenderam a porrada que é o amor e se amaram ali mesmo em praça pública entre motoristas e pedestres. houve um enorme engarrafamento animado por gritos desaforos gargalhadas grosserias filhas da puta. havia quem risse quem chorasse nesse caso inusitado.

depois de ganirem e gozarem como ganiram e gozaram, as plantas de anabela, lambuzadas de esperma, germinaram no meio da rua. o dicionário sentindo-se ridículo bateu asas e voou. os brincos se soltaram das orelhas da mulher e se fizeram fogo eterno para cozinhar as batatas que antes eram as meias de seda da bela mana. três bananeiras vieram no vento compor o ambiente familiar que antes era o cruzamento da rua do ouvidor com a primeiro de março. a municipalidade temendo represálias de quampânama desviou o trânsito. o povo passou a chamar o lugar de logradouro d'ouro para eu acabar com chave de ouro.

CHOTINHA GRELHADA

— ana, que qui tem no almoço?
— peitinho no espeto.
— ana, que qui tem pro jantar?
— chotinha grelhada.
e de noite na cama comiam picles com mortadela no escuro.

AH... O AMOR

ana ama quampa
                    quampa ama ana

nas costas dos bancos dos ônibus nos muros na cabeleira do cristo nas paredes do comércio. por onde andavam registravam aquele amor. nas bolachas de chopp acrescentavam: "o amor é uma bobeira etílica com borbulhas".

ASSALTO

todo dia ana ia trabalhar. ela era guia turística. mostrava aos gringos que cá chegavam nossa topografia acidentada o arco-íris o céu de anil. se não gostavam mandava todos pra quiuspariu.

numa época de maior dureza, quampa planejou mais ana um assalto a um grupo de turistas. ana levaria os visitantes à vista chinesa no fim da tarde. lá estaria esperando quampa disfarçado em helicóptero. ninguém suspeitaria. quampa foi esperteleco pois além de bueno seu disfarce serviria como veículo de fuga.

era cinco e meia quando o ônibus da riotur cheio de japoneses chegou ao local. sem suspeitar jamais de um helicóptero, os amarelinhos saíram do bus e começaram a fotografar tudo que podiam: a paisagem, uns aos outros, a bela guia que decifrava a cidade e roía as unhas. usava batom.

os filhos do sol nascente estavam embasbacados com o panorama e perguntavam: quem ganhou o último páreo? apontando para o hipódromo da gávea ou "como uma cidade pode ser tão bela anabela?"

tão distraídos estavam que não repararam nos sinais que fazia o ônibus com os faróis a buzina o para-brisa a antena na tentativa de avisar que o helicóptero que parecia tão inocente e helicóptero, não era um helicóptero e sim um farsante.

quampa de um salto fez o assalto. primeiro ligou a hélice e espatifou o ônibus. segundos depois, tirou o disfarce e rendeu os tanakas y mifunes com um lança-chamas. ana limpou um por um e cuspiu na cara de todos. neporium botou novamente o disfarce, ana embarcou e saíram voando. os japonas estupefaram.

EZEQUIEL

com aquele já eram dias sem comer. ana mais seu par quampar vagavam em vão e aos círculos pela casa sublocada que viviam faz tempo. e se o não comer fosse jejum greve de fome contra o mau tempo falta de nota moderador de apetite como cocaína stenamina anfetaminas que tais. mas não. era falta de gás, meus pais. tinha uma galinha na geladeira já fazia uma semana. um frango melhor dizendo o frango ezequiel. ezequié fora comprado por quampa no supermercadinho mar e terra da rua do riachuelo. quampa entre cento e cinquenta frangos enregelados escolheu um todo elegante. passou uma senhora por quampa e disse a ele sorridente com o franguinho no colo: — parece com o pai. quampa agradeceu comovido e com baba na boca foi pra casa fazer o filho ao molho pardo.

chegou lá, matou escorreu o sangue e desossou o bichinho. ana agitou o tempero. puseram o filho da galinha no forno e foram se beijar na varandinha que dá para todos os edifícios

da cidade. quando se passou tempo de trampa, ana nepomuceno foi ver a quantas ia o frangóleo. quampa da varanda só ouviu um grito. foi ver e viu ana choromingando diante do frango nu e cru com a água começando a barbulhá.
— que foi meu filé, disse o comparsa.
— gás cabô, fogo pagô, replicou ana plim plim.
choraram juntos algumas lágrimas e como se fosse um enterro enfiaram ezequiel na geladeira. quampa ainda falou:
— meu filhinho vai ficar resfriado.

isso tudo faz uma semana. e não foi propriamente a semana de arte moderna nem a semana da pátria e sim a semana do desconsolo da expectativa da falta de gás do frango com frio. tomou-se providências. ana ligou pra supergasbrás, pra minasgás, pra ultragás, mas se diziam que vinham, só diziam e não vinham. quampérius nem mais saía na rua. ficava entocado variando. vez por outra caía em ais:
— eu quero é gás, liquefeito ou em pó, me dá um gás.
— alô? é da minasgás?
— é, qualé?
— eu quero um gás. um bujãozinho feito um leitão sem limão. pode ser não?
— amanhã sem falta resolve-se essa falta. passar bem.
— como passar bem, arakem? não como uma semana. já tou até comendo vogais sem til porque essas contém muito fermento. arakem, sem mais mais, traz o gás e não se arrependerás, ó rapaz.

CHUVA

quampa canta apolonese.
anabela faz maionese.
o telefone toca.
ninguém atende.
o telefone toca de novo.
o cachorro atende.
é engano.
quampa para de cantar.
abre o jornal.
"matou a mulher a punhaladas"
anabela acaba a maionese.
toca violino.
qualquer coisa.
o telefone toca.
quampérius atende.
é malvina velha gama.
malva pergunta pelo seu humor.
quampa diz que está ótimo.
malvina convida quampérius nepomuceno pra ir ao cinema.
quampa diz que casou que está apaixonado.
malvina insiste diz que não faz mal.
quampa diz que faz que isso e aquilo que passar bem etc.
quampa volta ao jornal.
ana reclama de manchas no pescoço.
ao que parece se amam.

MALHO

quampérius quas quas vez por l'outras bate os piés por la mano la mano como diz o juiz do povo mário vianna. um dia de canícula, quam mi entra na lanchonete do canguru e pede um bauru e pra digerir diluir pra baixo ir, pede uma fanta com canudinho. por distraição hábito ou pura estupideza, érius enfoca o canudo no nariz, fato que causou espécie na garçonete bete e no caixa wilson. quampérius pra remendar o furo comentou com um cara que comia um hambúrguer ao seu lado: — essa fanta tá mais malhada que o cavalo do tonto.

ABRACADABRACABRADAPESTE

de cima da mangueira vi o que se segue. o tal quampérridus pelo ouvido puxava a cabra capricho dizendo: — minha bela passarinha, vamos à casa de pantuflas para ele nos contar histórias transilvânicas dessas de arrepiar negros gatos. capricho, com sua vozinha cabralina, retrucou: — vou mas vou sobressaltada. e lá se foi o féretro até a caverna de panta. o sol morria por trás do mundo. chegaram à porta de pantelhufas deram quatro pancadas seguras na janela sapatearam assoviaram o hino do acre. não era fácil fazer pantuflas vir até à porta ver quem era, ainda mais àquela hora do dia e da noite. demorou muitos dias até que o pantaleão viesse abrir a porta. como da vida nada se leva, o ogro abriu blasfemando com cara de sono e disse que estava saindo de uma hibernação profícua como há muito tempo urso nenhum tinha mais tido. quampérius e capricho, depois de enxugarem os perdigotos que o ogro lhes arremessara, comentaram entre si sobre a boçalidade do sábio. pantu, que tinha entrado caverna adentro, voltou com um arcabuz desse tamanho dizendo assim: — vocês têm sorte. vou à luta, meus netinzins. quem dorme muito, tem muita fome. vocês têm sorte de eu gostar muito de vocês, senão... e mostrou o arcabuz de perfil. vocês se abanquem aí numa boa que eu vou lá e volto cheio de carne quente e mel melado. volto rapidinho e se alguém perguntar por mim... diz que fui por aí... e sartou fora o ogrão pantuflas.

pra quem tá habituado a bueiros como eu, não foi problema observar por entre as grades que lá vinha pantuflas com seu passo de china folgado. vinha dentro de um largo paletó cinza amarrotado, monóculo, fumando guimba de charuto, com um gibão amarrado no pescoço, cantando uma sinfonia inacabada.

entrou nas sendas de botafogo pra saciar sua fome semestral. parou em frente a uma prateleira de latinhas coloridas. eram cavalinhas espanholas. deu uma cafungada para ver se as cavalinhas estavam tenras. só sentiu cheiro de lata. fez uma careta e recolocou o enlatado no lugar com certo atropelo e violência, provocando o desabamento da montanha enlatada.
era um pandemônio de cavalinhas estabacadinhas no chão de plástico do supermercado.

aí foi aparecendo gerente funcionários garçonetes caixas registradoras almocreves candelabros todos dizendo descalabros safanabros pra pantuflas, meu velho, que começou a ficar cansado e foi ficando foi ficando cada vez mais cada vez tudo reclamando ia reclamando e foi ficando mais cansado e o dente ardente e o pisante asfixiante e aquele alarido zumbindo em seu redor cada vez mais cada vez tudo reclamando azucrinando bulindo mofando até que seu saco se encheu de maneira tão grandiosa que pantelhufas, meu véio, disse assim pra turba: — qual de vocês é o mais gostoso?

ao que o gerente mais que depressa, de cima de sua grave gravata, respondeu: — sou eu e petúnia.

pantu mais rápido que o raio, enfiou-os dentro do gibão e desapareceu nos labirintos do hipermarket. mais tarde entrava numa loja especializada em música para ogros e bruxos chamada "música ao longe". pantuflas, muito metódico, pediu pra escutar dois discos do hendrix e um do cartola. gostou muito e trocou pelo gerente do supermercado sob protestos do dono da loja. então pantuflas nomeou o gerente dono da loja e botou o ex-proprietário dentro do gibudo. ao sair disse que voltava pra escutar mais disco bom porque seu radinho estava com a pilha fraca e tomou rumo ignorante.

na madrugada se achava no baixo leblon embriagado como sempre malacompanhado fazendo comício comprando briga e pendurando a conta em nome do partido. alto. quampérius subia num galho trepava numa pedra e pulava dentro da boca de capricette que o mastigava gently. isso na casa de pantuflas esperando o ogro e suas narrativas. esdrúxulas narrativas as de panta, meu véio. mais zâmbia porém era sua morada. era pedra árvore calcário dependências completas azulejos grande rio esquadrias em formiplac inumeráveis utensílios postiços. tinha um armário onde cabiam corujas morcegos tamarindos tudo desarrumadinho. tinha uma porta que não dava para lugar nenhum e outra que dava pra praia. tinha um grande corredor que venceu a maratona nas olimpíadas de munique. um cuco que vivia com sono. uma lareira que deixava o ambiente em banho-maria. uma vitrola que só tocava os autênticos. uma pia com uma nega dentro. um abajour de durepoxi, um cortinado furado. um piano sem cauda. escadas de escher e janelas pro mundo.

quampa e capricho se delightfully, brincando de se engolir vida a fora.

pantuflas, o ogro etrusco, arrivou em casa cheio de especiarias como havia dito. descalçou as botrancas e tirou de lo gibon várias guloseimas: petúnia, miss casas sendas, perácio, ex-dono de "música ao longe fitas e discos", um javali caolho, um bode preto, uma abelha dentro de um favo de mel, um maço de arizona, um papel de quinhentos e mobília nova. o que era carne jogou no fogo para gáudio de quampérius que babava de prazer e fome. capricho, herbívora, se assanhava para o lado do papel. quando as carnes estavam douradas, panta desossou petúnia, botou a carne num botijão e foi na adega buscar vinho e farinha na despensa. ao voltar, flagrou quampa com a bunda da ex-sendas girl na mão. pantuflas voou em cima de nepomuceno, arrancou-lhe a bunda da mão e vociferou:
— esbórnia! não te ensinaram a rezar antes das refeições, a oferecer a comida a deus aos santos e a são banhão. sua mãe não lhe deu educação?

quampérius ficou aturdido por uns segundos sem entender nada. quando voltou a si viu que o ogro ria às cancaras todo lambuzado com a apetitosa bundinha de petúnia. quamps reconheceu que tinha sido iludido e abriu a mão para o ogro horroroso cuspir. mas o caolho não conseguia parar de rir e já estava perdendo o ar quando capricho chegou ao pé do ouvido dele e contou-lhe uma história muito comovedora da mulher que tinha erupções cutâneas quando comia amendoim. o ogro passou do riso ao pranto convulso enquanto as carnes iam esfriando e acabando já que quampérius era um comilão ão ão...

depois de várias manifestações de satisfação como arrotos soluços e bocejos, o festim deu-se por terminado e foi embora sob insaciáveis protestos de quampérius e pantuflas bêbados empanturrados e capricho ligadíssima.

de repente o telefone. era ana.
— quampa, comé que é? e o cinema que a gente ia? você ainda me ama? preciso saber porque o amílcar disse que me ama e me chamou para ir à boite de noite.
— ana amormeuzinho, vê se estou na esquina. aliás não vê não porque eu estou na caverna de pantuflas, muito distraído a ouvir lorotas do velho. amanhã eu te convido para um drink. um beijo na testa e um voto de louvor ao amílcar pelo bom gosto. afinal você não é fácil.
— mas quampa, você sabe muito bem que eu não gosto do amílcar com aquela mania de tirar melecas e passar no meu calcanhar e além do mais é você que eu amo, meu pretinho.
— olha ana, vamos combinar o seguinte: toda vez que você falar nas melecas do amílcar não me chame de meu bem.

meu ouvido não é pinico. agora eu vou desligar porque o ogro está quase a comer capricho porque ela esqueceu de tirar o papel de cima da pedra e o pó melou. ana, minha mana, me espera em casa direitinho que daqui a pouco eu pinto com meu pinto por aí. té mais.
— tá bem, meu quampimpão, vou botar meu baby doll. tiau.

pantuflas sabia o que havia de vir. então sentado com as pernas entrejoelhos falou assim para quampérius e capricho atenciosíssimos: — era uma vez não existe mais... tinha um sapinho na floresta lá no alto do morro, que se chamava sebastião sapo. sapo era um bichinho alegre se bem que intempestivo. tião um dia cismou de implicar com a lua e chamava ela de fria de vagalume paradão de ridícula de sister morphine pra ela gostar um pouquinho mas ela não gostou nem um bucadinho. então a lua falou pro sapo:
— ô tião, tá a fim de me perturbar? vai amolar o bode. vai mamar noutro lugar. vai e leva tua mãe. não vê que eu te clareio as noites. vou te dar uma lição, sapinho folgado. vou te mandar escorregar rio abaixo. e assim falando, assim procedeu..

tião rolou e ralou, ralou e rolou e rolando e se ralando foi se quebrando todo num mesmo trambolhão. rio abaixo foi dar no mar todo quebrado sem os bracinhos a boquinha sem as patrancas. coitado do tião. mas não morreu. virou outro. virou siri. você ri? pois não ria. o sapo tião virou siri não porque quis mas porque quis a lua.

hoje ele não anda mais nas florestas nos rios não mais coacha apenas siri. fica com o ferrão ferroando a vida do fernando e a vida dos que apreciam uma praiazinha como eu.

e pegando seus óculos ray-ban, pantuflas convidou os presentes para um mergulho na praia do diabo.

QUEM?

em minneapolis, outubro de 1957,
surgiu a seguinte questão:
— quem disparou a flecha que vai para niterói?
A — o cristo redentor
B — quampérius
C — guilherme tell me who

em belfort roxo, anos depois, a questão aumentou:
a quem atingirá a flecha?
A — arariboia
B — gerson, o canhotinha
C — o saco de são francisco

tan tan taran tan tan tan tan tan taran tan tan tan

BARALHO

quampa, chega uma orelha. vou te contar uma passagem.
cheguei de viagem e falei pra minha mãe: — se me pegarem,
o telefone do advogado é esse... mas não se preocupe porque
não tem flagrante. saí.

na rua encontrei tereza, recém-chegada do canadá.
há muito tempo a gente não se via. tava bonita. um pouco
mais magra. um pouco mais calma. ela me beijou como
nos velhos tempos e disse que já tava sartando de novo
porque a barra br não tava de se brincar. concordei, mas
disse que o risco tem seu brilho e levei ela até minha casa.
lá, entre uma batida e outra, convenci tereza de ficar mais
uns dois meses. não foi difícil. tereza gostava de mim e de
briga. de repente, entra dedé porta adentro falando —
please, I need some drug. não tinha mais. dedé fez cara de
choro. tereza providencial tirou um finório da lapela e
ficamos todos doidos.

dedé contou que quase tinha dançado arrochando uma
cadeira de rodas porque esqueceu de tirar o paraplégico de
dentro, o que dificultou as manobras e quase atropelou um
camburão na contramão no paquistão. ô dedé assim não dá.
entramos no brisamar, um bar de mesinhas pro mar. sozinha
numa mesa estava diana, manequim velha amiga de tereza.
sentamos juntos. pedimos cerveja com praianinha. o garçom
não tinha voltado quando eles chegaram. um choque da
aeronáutica. queriam diana, tereza e eu. dedé de menor

dispensaram. nos enfiaram num opala cinza metálico e tomamos o rumo da minha casa. só acharam decepção.

de lá fomos para o quartel da aeronáutica. no galeão. no caminho, diana mudou de carro passando para um fusca que vinha atrás. nesse momento consegui falar com o chefe dos pqd que ia no volante. era rodrigo que conhecia de vista dos tempos de colégio. ele ficou nervoso quando lhe disse que havia tomado o rumo errado. dei-lhe um toque:
— sai dessa, ô xerife. aí ele se encheu de ar e respondeu:
— a pátria é deus e precisa de mim. ficamos em silêncio até a delegacia aeronáutica.

na sala tinha uma mesa com um corenel. dois caras sendo interrogados e dois pqds. entramos e ficamos esperando a vez. os dois caras foram dispensados. tinham roubado um carro em são paulo. mas não era de ninguém como ficou provado. aí chegou a vez de tereza. perguntaram o que ela tinha ido fazer no canadá. ela respondeu: — fui às compras. foi liberada.
na minha hora, o coranel falou:
— quer dizer que você é um poeta imbecil.
— é verdade.
— fique sabendo que eu prefiro esse verso e me mostrou um papel com o nome e endereço de 3 mulheres: margot, brigitee y suzette — nomes de guerra de mulheres da vida.
— a vida é uma guerra. poesia minha terra. coronol, esse verso é ruim de verdade, mais que essas mulheres, eu prezo minha liberdade.

o caronel mandou que me levassem à sala de tortura dizendo com ar de superioridade: — vamos ver se ele não vai falar.

fui amarrado a uma mesa com uma lâmpada de dois mil volts a menos de um metro da cabeça. um pqd espalhou sal grosso na minha testa retalhada a frio com um caco de vidro. tava com o cérebro saindo pelos cabelos quando os pqds voltaram, me desamarraram y me levaram por um corredor até um pátio. em uma das portas que dava para o corredor via diana com um filete de sangue a correr pelo canto da boca. me fez um sinal de ok.

no pátio me deixaram nu e me amarraram a um poste. fiquei sozinho horas sem que nada acontecesse. então abriram uma porta e jogaram dentro do pátio um bicho indescritível que veio correndo em minha direção, me cumprimentou e começou a me lamber com sua língua de penas. então comecei a rir e ria ria ria um riso nervoso tenso um riso imenso e prestes a desacordar... acordei a chica que dormia a meu lado...

SONHOS

sonhos que se desfazem de manhã como se fossem
                                         [pura bruma
sinais de fumaça de um mundo distante enevoado nebuloso
sonhos que se desfazem de manhã feito bolha bulhufas

sinais que a vida tem campos apenas esboçados farejados
sonhos que se desfazem de manhã como tênue vibração
sinais que nem só na terra existe vida extraterrestre
sonhos que se desfazem de manhã como alga marinha mel
sinais de quimeras como falava quampérius, o zumbi

LÁ LÁ LÁ

quampérius resolveu fazer letra pra música. começou a
fazer letras à máquina à mão caligrafia letraset tipografia
ibm vários tipos. fez também versos variados:
dodecassílabos alexandrinos sonetos free versus instant
poems concretos (que já vinha com um lugar para botar o
disco) parnasianos surrealistas odes panfletárias. músicos
houveram que fizeram valsas maracatus sonatas sambinhas
chorões boogie woogies and be bops.

foi grande e eclética a obra quamperiana. infelizmente para
alguns, graças a deus para outros, tudo se perdeu no
incêndio do circo americano em niterói, anos aquém.
quampérius tinha confiado seu baú de cantiguinhas a stela
stardust, bailarina cigana infernal, que um dia dando um
salto do arame, caiu no coração do letrista. agora é cinza.

LOROTAS

tava um dia caniando escutando rádio quando bateram à porta. era quampérius recém-chegado do buraco da lacraia. cumprimentou como de hábito com um tapa de mão espalmada nas costas, cuspiu no chão e arriou:
— tava saindo da jogada com o bagulho quando os omi chegaram e vieram em cima. trocamos uns tirinhos e abri fora. tava com pouca munição... cadê os equipamentos?

era sempre por pouco. quampa escapava no quase. mas o que importava é que ele estava ali agora cheio de manha e arte. foi ao banheiro e voltou com o material. tomamos logo duas para relaxar a fissura. daí começou a contar cascata. falou de seu cavalo arisco que tinha perdido o quarto páreo porque pisou num chiclete na reta final. depois falou duma mulher que tinha conhecido numa boate na barra que tinha por nome adalgisa e só trepava embaixo d'água. foram para a praia da macumba e mergulharam. tavam lá no meio dos corais quando começou a aparecer gente. pintou três japoneses que começaram a apertar os biquinhos do peito da mulata gisa pensando que fossem pérolas verdadeiras. quampa teve que usar seu spray super spray mata nissei. enxotou-os e voltou à xota da mulata que a essa altura entabulava um papo com um tubarão de óculos que assoviava: "é doce morrer no mar, morena..."

depois foi a vez de pintar uma sereia de monoquini perguntando se tinham achado um espelhinho com o escudo do vasco. nepomúrcia logo se encantou pelo rabo da ninfa do mar e foi apresentando seu espelho falante com três beltrões batidos. ficaram lá, quampa, ada e a sereia soraia falando pelos cotovelos até passar uma tropa de cavalos-marinhos. quampa montou num. giza noutro. deram tiau pra soraia que nunca mais foi vista desdentão e foram jogar polo aquático na piscina do itanhangá.

a última aventura coincidiu com a última dose. quampa saiu de dentro da pia e falou: — vou mimbora que amanhã não tenho que acordar.

TRAUTÂMIA MUTRETORUM

pois é, quem visse não acreditava. naqueles trajes, com aquela fluência no falar e no dizer, com uma pastinha james bond o cabelo engomadinho todo frajola naquele ar de pavão. pois é, quem visse não acreditava.

quampérius que sempre fora molusco meleuqua imundo, parado ali em frente à casa barki num vistoso linho branco, panamá, fumando havana, esperando a vânia pra uma tal de trautâmia mutretorum.

DRAMATURGIA

com uma casaca alugada, o antípoda saiu braço dado com a mafiosa mara. iam à inauguração de uma palavra. na garage onde ocorria o ágape, não cabia mais ninguém. o brilhante don villon, autor da ideia, era cercado por apreciadores de artistas em evidência. quampérius foi logo criando um caso com o barroso que lhe chamou de maestro por causa do fraque e pediu pra quampa tocar o bolero de ravel enquanto ele atacava a mara. mas essa só tinha olhos para robalo queiroz, mestre das tintas. ouve-se um burburinho na porta. seriam os federais, a tia do dono da garage revoltada com o esporro ou o waldemar de porre procurando a emilinha? não era nada disso. era simplesmente o padre romão fedendo a mijo e mofo que fora chamado para abençoar o novo vocábulo.

quantanamérius teve que ser contido com uma gravata pelo barroso porque o boçal não podia ver padre que queria brigar vomitar discursar matar roubar urinar na batina do pároco. maluqueira do monstro.

don villon teve que intervir, dizendo a quampa que padre romão pertencia à ordem da santíssima desordem que pregava a luta e a sacanagem comedida. aí quampérius simpatizou com o padre e ficaram horas contando piadas de envergonhar decamerão.

bebeu-se tanto que por pouco não se esquecia de inaugurar a palavra. chamado, padre romão não pode ir. tinha escornado com as gengivas dentro do decote de uma cocotinha. quampérius tirou a batina do padre de pedra, deixando o papanatas peladão e foi cheio de má-fé abençoar o vernáculo.

a palavra tava coberta com uma toalhinha xadrez e um sanduíche de salaminho em cima. quampérius jogou água, sal e cachaça.

acabado o ritual chamou o representante da academia que dormia pra cortar a fita inaugural sob os spots do canal 100. suspense geral... descerrada a fita, lia-se em letras garrafais: cartilage... escrita com signal das listras vermelhas sobre uma enorme folha preta. don villon subiu num caixote de bacalhau e falou: — de agora em diante acabou a palavra curtição muito gasta pelas muitas vezes dita. daqui pra frente, diga-se cartilage. três salvas de canhão estrondaram.

CHATO E PIOLHO

o chato é das classes baixas.
só vive pelo grosso.
só vive pelo fino,
o piolho das altas classes,
intelectual frio racional
chama o outro de chato
pra não chocar,   >

já que ganas tinha de o chamar
sacana safado escroto.
o chato, sem se importar,
continua a coçar,
sábio às escuras,
sabendo que o outro
que atua às claras,
choca muito mais seus donos
nos jantares aristocráticos.
quampérium,
que os possui e cultiva,
gargalha com a luta de classes.
ele sabe que os três, ele
piolho e chatos, são iguais:
animais marginais.

GRANDE CORRIDA À LUA
prêmio: passagem de ida e volta a shangrilá

estava escrito na última página do correio das estrelas que o vento jogou na cara de quampérius nepomuceno. o aventureiro que voa depressa se inscreveu. foi ao ferro-velho e arrumou o que precisava: um par de asas de águia uma fuselagem um leme de caravela um astrolábio como o de mick jagger e energia solar. colou tudo com cola tudo e se acomodou na cabine pressurizada.

concorriam ao prêmio: o supervilão coringa, considerado um ás da aviação fantástica; amauri do amaral, amante dos céus; capitão geraldo gererê, pilotando um pincel atômico; doutor labareda, ex-esquadrão da morte, hoje primeiro piloto da esquadrilha da fumaça; pato donald e seus intragáveis sobrinhos que não podiam perder essa aventura; e joão bafo de onça, aquele bêbado.

largaram da barreira do inferno. bafo de onça explode sua geringonça na saída. na estratosfera, dançou geraldo: seu pincel secou. a essa altura de alguns mil metros, a prova era liderada por coringa no seu albatroz a vapor com dr. labareda colado no rabo. quampérius se ocupava em sabotar: desnorteou amauri, convidando-o para um bacarat em bruxelas. enviou uma mensagem à nave de pato donald dizendo que seus dias estavam contados. o pato, sem saber se quampa se referia a ele, quampa, ou a ele, donald, começou a ficar confuso e caiu em parafuso indo parar em patálogo, o planeta dos patos análogos.

quando entraram no vácuo, estavam apenas coringa, dr. labareda e quampérius. o último que agora resolvera correr, ultrapassou de passagem o zeppelin do dr. labareda. a um quinquagésimo ano-luz da lua, quampa, ou melhor, nosso herói intergaláctico, emparelhou com coringa, deu-lhe adeus pela cabine e engrenou uma terceira, jogando lascas de cometa em cima do rival. quando quantânama ia alunizar para pegar uma cratera que comprovasse sua ida à lua, viu uma passeata de astronautas russos e americanos que

traziam cartazes dizendo: "quampérius go home" ou
"wyborowa é uma ova". não querendo precipitar uma
guerra mundial, quampérius se retirou, machucado como
um terceiro mundo, para mercúrio, seu planeta de origem.
foi confabular com sua vozinha, baixinho.

JABU

jabuticaba jabuti jaburu jabuco
que é a corruptela de joaquim nabuco
tudo jabuca todos jabam ou jabotam
ainda mais quando estão com vontade
de jabutir ou jaburar
quampérius jogava com jadir na zaga
do jabaquara já vai jaca
zagarreava jabaculejava zarababava
no jaleco do avante vavá
e como era javali talvez jamantão
não dava colher pra nenhum vadio
nenhum valente nenhum valete
nem vascaíno quampa era jabu
jamaicano jamais violento
e sempre jabu porque uma vez jabu
sempre jabu jabu jaburu jaboatão
lalando samba-canção...

— ALÔ, É QUAMPA?

— não... é engano.
— alô, é quampa?
— não. é do bar patamar.
— alô, é quampa?
— é ele mesmo. quem tá falando?
— é o foca mota da pesquisa do jota brasil. gostaria de saber suas impressões sobre essa tal de poesia marginal.
— ahhhh... a poesia. a poesia é magistral. mas marginal para mim é novidade. você que é bem informado, me diga: a poesia matou alguém, andou roubando, aplicou algum cheque frio, jogou alguma bomba no senado?
— que eu saiba não. mas eu acho que é em relação ao conteúdo.
— mas isso não é novidade. desdadão... ou você acha que alguém perde o paraíso e fica calado. nem o antônio.
— é verdade. mas deve haver algum motivo pra todos chamarem essa poesia de marginal.
— qual, essa? eu tô achando até bem comportada. sem palavrão, sem política, sem atentado à moral cristantã.
— não. não tô falando dessa que se lê aqui. tô falando dessa outra que virou moda.
— ahhh... dessa eu não tô sabendo. ando meio barro-bosta porisso tenho ficado quieto em casa. rompi meu retiro pra atender esse telefone. e já que te dei algumas impressões, você vai me trazer as seguintes ervas pra curar meus dissabores: manacá carobinha jurubeba picão da praia amor do campo malva e salsaparrilha. até já, foca mota.

dlin dlon. atrás do olho mágico, a cara estrombótica de foca mota. quampéridus com um pijama surrado puído abriu a porta. foca foi logo fuçando tudo. abriu a lata de biscoito e comeu um cream cracker distraído. depois foi examinar a biblioteca. encontrou exemplares raros da mitologia selvagem. algumas cartas com endereço certo na escrivaninha aninha. foca tinha esse traço: mexilão como dizia tia carola intrujão enturmadinho. quampé deixou foca à vontade bulindo com o pé da mesa e foi pra cozinha fazer a infusão com ervas que mota tinha trazido enroladas num jornal. quando a água começou a ferver, mota que já tinha roído metade do pé de aninha, a escrivaninha, resolveu ir acompanhar o preparo do elixir aleatório. foi chegando e falando: — pois é, quampérium, deu o maior trabalhão arrumar esse mato todo. a carobinha consegui no jardim botânico na aleia das papoulas.
— uma carobinha na aleia das papoulas?
— pois é. fumando ópio... a malva e a salsaparrilha foi com um funcionário do horto florestal de nome dorival quem descolou. dorival, desde que se aposentou, não tirou mais o chinelo e joga canastra todas as tardes no caxinguelê brisobol clube. o amor do campo consegui no campo do madureira que tá tão abandonado que tem até mastodontes pastando incólumes. o picão saiu da praia do pepino assoviando o hino dos boêmios do irajá. a jurubeba foi com o gil que tem mais de mil no seu quintal sem igual.
o manacá é que não foi fácil. rodei todos os matos matinhos mutuns ribeiras remansos tendas terreiros e nada.
tava desistindo quando passou uma lontra com um ramo de

manacá na boca. veio até onde eu estava largou a erva nos meus pés e correu para os lados da lapa.
— essa lontra tinha andar trôpego e olhar sereno?
— tinha e tinha também chapéu de palhinha e um saco amarrado no pescoço — respondeu mota, o atento.
— saiba que essa lontra era um grande ilusionista de nome pantúfilas. e pensou consigo mesmo: amigo é pressas coisas. e virando pra mota, disse solene: — vou lhe revelar a receita do caldo poex:
"depurarei meu verso coalhado de vacilos com manacá mais a carobinha que faz da poesia rainha. além do manacá e da carobinha, tasco na chaleira jurubeba, a delícia que seu cabelo revela. às ervas acima citadas, jogo uma pitada de casca de amor do campo e outra de picão da praia que é pra dar mais gozo ao orgasmo. se seu verso anda pálido patético entediado, que diabo, misture ao caldo uma porção de malva maravilha curativa. a sétima erva é a santa salsaparrilha que como o altamiro é do carilho.
obs.: ferva antes de reler".

LICENÇA POÉTICA

— ô cara, vim aqui pra te chamar prum pagode. vamo lá.

— aí quampa, my friend. hoje tu vai só. sabe qualé? me deu uma vontade braba de ficar aqui mesmo escrevendo sobre você tuas aventuras sobre humanas aventuras sobre o devir e o vir a ser e sobretudo sobre ela aquela aquarela amarela da casa d'stela. pois é, poesia baixou no meu telhado ou melhor, por entre as telhas me esgueirei pra ver você.

AMÉRICA

(1975)

AMÉRICA AMEM

américa amem
me ensinou a ser assim
antropofágico pagão
um fauno de calça lee

américa amem
palavras
palas
palavreados

américa amem
woody woody
voo doo
feijão & arroto

américa amem
nosso desespero
nossa paixão
imensa

AFTA

paixão é pra disfarçar solidão
tão cheia de aflição
que podia ser uma afta
tão ácida na boca
tão ácida tão flácida a morte
tão diferente
assim sozinho lembro você dizendo:
não se faça de difícil... é uma gargalhada geral
uma menina se matou... tava de saco cheio
meu amor não pintou
é... o palhaço entra em cena de qualquer maneira
arrepia

ESPERE BABY NÃO DESESPERE

espere baby não desespere
não me venha com propostas tão fora de propósito
não acene com planos mirabolantes mas tão distantes

espere baby não desespere
vamos tomar mais um e falar sobre os mistérios da lua vaga
dylan na vitrola dedo nas teclas
canto invento enquanto o vento marasma

espere baby não desespere
temos um quarto uma eletrola uma cartola
vamos puxar um coelho um baralho
e um castelo de cartas
vamos viver o tempo esquecido do mago merlin
vamos montar o espelho partido da vida como ela é

espere baby não desespere
a lagoa há de secar
e nós não ficaremos mais a ver navios
e nós não ficaremos mais a roer o fio da vida
e nós não ficaremos mais a temer a asa negra do fim

espere baby não desespere
porque nesse dia soprará o vento da ventura
porque nesse dia chegará a roda da fortuna
porque nesse dia se ouvirá o canto do amor
e meu dedo não mais ferirá o silêncio da noite
com estampidos perdidos

DESABUTINO

quem quer saber de um poeta na idade do rock
um cara que se cobre de pena e letras lentas
que passa sábado a noite embriagado
chorando que nem criança a solidão

quem quer saber de namoro na idade do pó
um romance romântico de cuba
cheio de dúvidas e desvarios
tal a balada de neil sedaka

quem quer saber de mim na cidade do arrepio
um poeta sem eira na beira de um calipso neurótico
um orfeu fudido sem ficha nem ninguém para ligar
num dos 527 orelhões dessa cidade vazia

BURACOS NO CÉU

quando tempo e espaço se cortam
quando nosso corpo se encontra
diga que eu perdi a cabeça
diga que eu sou uma bolha de alka-seltzer

quando chove meteoro
quando os buracos se cruzam
caem fagulhas na terra
correm agulhas no sangue

desorganizado saio de casa
com um guarda-chuva de cheeseburger
com uma capa de amianto
e não me espanto

entretanto descobri:
a loucura é um sopro no ouvido

GUITARRINHA RANHETA

aquela guitarrinha ranheta
debochada desbocada
my generation
satisfaction

aquela mina felina
cuba sarro cocaína
do you wanna dance
don't let me down

aquela ginga jenipapo
elástica solta rasteira
i'm free
like a rolling stone

aquele clima da pesada
cheiro de porrada no ar
street fighting man
jumpin' jack flash

aquele som de fuder
orelhas pra que te quero
who knows
straight ahead

PRIMA

não me interessam as últimas notícias
nem as primeiras nem as penúltimas
me importa apenas estar perto de você
já não quero saber que dia a guerra vai estourar
como está o novo espetáculo
quanto foi o último jogo
não.
só me importa a tua presença no meio de tudo
que lhe enfeita de manchetes desinteressantes
você é matéria-prima e una
você cumpre sua trajetória na planeta diário
só pra me transtornar

SONIDOS

when B boia
behind clouds
among angelos
listening cosmicmonomusic

WB trança
as agúia põe fim à barafunda
abajourd hui na marmita
requentada nágua   >

doce dulce dá-se dócil
algas mágoas anáguas n'água
venga curtir uma onda
bit hit bass drums
dream is now and then
traços claros calmos
carma man

M espaçonavega e colore
flyin'
dreamin'
smilin'
imaginemind
nadanadando
triplanando
ou in salto escarpado
flocos like bibelonave
from earth to skyline tortinella

MX di vaga
ondula mar
meu coração não milude
ouviu?
descoladamada cuca

ATO UM

a impossibilidade do teatro:
o momento, ato único a cavalo

o limite entre loucura e razão
o eco e o engasgo
a esquizofrenéticafala

o conceito cartola
o concerto careta
a valsa do adeus

o grito do atlantic tac
a pós pópera peralta
o criato no ato
a to mo vel

UMA PALAVRA

uma
palavra
escrita é uma
palavra não dita é uma
palavra maldita é uma palavra
gravada como gravata que é uma palavra
gaiata como goiaba que é uma palavra gostosa

À GERAL

onde andará a estrela vermelha?
no céu
no céu da tua boca
no céu da tua boca aberta
na fé do teu coração sangrando
na fé do teu coração
na fé da tua ação
na fé
no ferro
onde andará a estrela vermelha?

SOS

tem gente morrendo de medo
tem gente morrendo de esquitossomose
tem gente morrendo de hepatite meningite sifilite
tem gente morrendo de fome
tem gente morrendo por muitas causas

nós, que não somos médicos, psiquiatras,
nem ao menos bons cristãos,
nos dedicamos a salvar pessoas
que, como nós,
sofrem de um mal misterioso:
o sufoco.

MEIO-FIO

                                                p/ deborah fontes

tem um fio de queijo
entre eu e o misto-quente
recém-mordido

tem um fio de goma
entre o chiclete e eu
recém-mascado   >

tem um fio de vida
entre eu e teu corpo
recém-amado

tem um fio de carne
entre teu corpo e teu filho
recém-nascido

tem um fio de saudade
entre eu e você
recém-passado

tem um fio de sangue
entre a razão e eu
recém-partido

tem um fio de luz
entre eu e mim
recém-chegado

PREÇO DA PASSAGEM

(1972)

À MARGEM

ele viu todas as margens do rio
ele é per/seguido
ele transou nas bocas
ele provou a água suja do rio

FICHA TÉCNICA

nome: orlando tacapau
idade: indeterminada no espaço
origem: indefinida no tempo
filiação: alzira namira irineu cafunga
impressão digital: lamentável
traços psicológicos: maleabilidade em relação
aos animais sem horário para as refeições alegre
ardiloso instantâneo pássaro instável sujeitointegral
iluminações avulsas.
traços físicos: marca negra na íris
profissão: qualquer nas horas vagas
pseudo alcunha: omar malina, análvaro inflamável
francis khan, graça bandeira, alcântara tatu,
décio esteves lopes, lauro lauro.

CENA LONGA

as pedras estão em cima da terra.
capas de disco espalhadas ao acaso.
a última vez que falou ela falou: — eu não vou mais atrás de você.
desde então só soluços. a terceira e a quarta pessoas pareciam distraídas, amistosas, jogavam dados viciados.
era quase de manhã. o nono trago turvou a vista de orlando, aquele que tacapau. daí desfoca forçado. olívia contrafeita com seu vestido de gaze vez em quando botava uma azeitona no copo e acompanhava o lento movimento de imersão. vez em quando pulava no sofá dragoflex. pulava e fazia caretas sem graça. a terceira e a quarta pessoa trepavam no último andar no beliche à direita.
— esse é um bom disco. gosto dele como de você.
— fala sério?!
— não. gosto mais de você.
— cascata.
— gosto mais do disco.
— você me dá asco.
orlando acompanha o som com os dedos nos dentes.
o disco para.
— muda o disco...
ela se levanta e zangada disca algumas voltas no telefone.
a terra iniciara um novo dia. raios na janela.

FALÔ

.... até que um dia
pisaram o pé dele.
orlando tirou a identidade do bolso
e disse:
— pra vocês basta isso de mim.
foi embora assoviando.

a palavra ilegal afinal

A CASA

entre uma casa e orlando dá-se o seguinte:

— venerável cômodo que abriga criaturas tão ligadas, não temerás ruir diante de vibrações mais fortes, porventura?

— adorante embrião, não fui escolhido por acaso. cumpro como você meu destino todo mês.

— generosa casinha que olha de cima o caminho que olha de cima o riacho que olha de baixo você, resistirás aos abalos cósmicos até quando?!

— honorável pessoa, minha liga minha viga vírgula não faça figa não faça fuga. nem o fogo afeta a fonte, nem o balanço meu tempo.

— virgens terras do planeta, qual a hora que tragarás essa couraça poluída que te esfola e fere?

— curiosa criança, continua a viver, já que isso te distrai.

let it brisa

VALDO

aos poucos o iniciante vai descobrindo as qualidades do
botão: 1º boa presença no lance. 2º velocidade incrível. 3º a
bicicleta correta. 4º o arremate certeiro.

aos poucos o atacante é convocado nas cobranças de lateral
ou córner, nas faltas mais distantes como nas frontais à meta.
e assim os gols vão se somando e o botão se torna inegociável.

aos poucos, valdo vidrilho, antigo servidor do tempo,
toma seu devido lugar de superstar do time de orlando,
sob aplauso geral.

PARADA

um disse: "vamos enforcar a segunda-feira"
e outro: "... junto com os patriotas, os idiotas..."
ecoou no canto da sacristia: "... e todos os descontentes..."
na sala rafinê: "... os indiferentes..."
o coração das crianças: "... os malfeitores invisíveis..."
entre os gatos: "... e todos os cães..."
entre os homens: "... todos os homens..."
orlando contracenava e o sangue lavou a avenida
para o desfile de uniformes mecânicos no dia sete

cabelos arrancados: deus está jogado no fundo da cela

PRA QUÊ?

sentado e estudantil, orlando perscrutava o absurdo e o rabo da professora. de repente, passos no corredor atrás da porta fechada. "serão policiais ou alunos atrasados devido ao trânsito?" takapassou a mulher com o giz e abriu a porta. o homem colado com as orelhas entregando saiu de banda. bandeira. sua suástica caiu no chão. orlando viu o lance achou nada pisou na escada e não apareceu mais por ali.

pra quê?

não ato
nem desato
desa
    r
    t
    iculo

TUDO DA MINHA TERRA

orlando terça à tarde andava duma esquina pra outra da avenida copacabana.
na altura da sé parou e continuou a pensar:
— tudo da minha terra.
e pulou no canto da boca uma satisfação.

>

— vou falar com a maioria. geral parabéns.
e prosseguiu.
passou por uma valise carregando um terno tropical
trambiqueiro cumprimentou de sarro:
— investindo hein?
o cara de pressa nem piscou. depois outro:
— vigiando hein?
mais um:
— traficando hein?
e outro:
— esculhambando hein?
ao quinto:
— pregando a moral hein?
depois do quinto o sexto:
— consumindo hein?
sétimo:
— na paquera hein?
quando foi de repente uma pequena tosse chega ao lado dele
e diz:
— passeando hein?
orlando olhou e viu apenas uma sombra na esquina de 31
de abril
ele vai parar e refletir sobre a falta de imaginação no ar

eu não quero comprar uma televisão colorida

HÓSPEDE DO PLANETA

orlando viajou de balão.
atravessou vales, rios e mares. depois desceu.
subiu numa pedra e disse publicamente:
— de hoje em diante soy hóspede do planeta.
por enquanto.
e mandou seu novo endereço à freguesia.

CARCAÇA

orlando belo dia desceu
pra lembrar vida na terra
sin'carnou em quem devia
e saiu a correr
pular cantar
    trepar rolar
        dançar rimar
alfabesteirafalar
mais tarde um dia taka sentiu uma afissuração
no plano inclinado no quarto planeta do sistema nervoso
visto de trás pra diante. foi ver o que é.

daí a carcaça cansada voltou de novo
à velha inquietação: a tradução
à eterna bagagem: a linguagem.

SORRIA

quando o mar secar
ficaremos sem três oceanos
o fundo do mar
sem mar
e sem fundo.

orlando é aquele que aparece sorrindo ao lado da foto

DIAS DE 3º QUADRANTE

cansado como quem pede emprego, orlando entrou
na redação para pedir emprego em um jornal.
lá falou-se: — o lugar é seu contanto que faça
uma matéria 24 horas por dia nacional.
orlando nem conversou. fez de cabeça as contas
e resolveu fazer parábola da matéria. começou
a faltar dois em sete dias. o chefe dos redatores
cantou-o em um canto: — funcionário orlando deponha em
seu favor.
tacapau: — nos dias de 3º quadrante a parábola
da matéria é negativa, i.e, a não matéria.
daí não posso fazer nada. bem que já tentei.
mas quase morri.

mantenha acesa a chama

DEPOIMENTO

as pessoas: quitauquié utau di orlando?
valdir, o repórter: senhor orlando,
o senhor é ripi, estuda ou trabalha
ou vive de renda?

ele: quando quero fazer pinto
    quando quero saber mento
    quando quero prazer brinco

valdir: perdão, senhor orlando, mas e o leite das crianças?

ele de novo: a energia é dada
        pelos quatro elementos
        a terra dá a fruta
        o sol dá a força
        a água dá o prazer
        o ar dá o que pensar

o repórter: senhores e senhoras telespectadoras, os comerciais.

ele, se despedindo: no ponto central
        desfigurado
        recarrego às vezes

NA BIBLIOTECA

com a loucura no bolso, orlando entrou
na biblioteca estadual.
folheou folhas estapafúrdias sobre
as ideias a arquitetura e a descompostura
dos homens.
aí achou graça. aí ficou sério. aí riu.
aí chorou demais.
aí começou a tremer.
sentiu o bolso furado.
sentiu o corpo molhado.
derretendo-se.
beto chegou a tempo de recolher num copo
a poça d'água que corria pro ralo.
orlando disse mais tarde:
não faço isso never more.

ENTEAL

era uma criança tão pequena
que se chamava enteal.
morava numa cidade
cinza e idiota.
diziam: você é muito
burrinho e patife.
vai já pra escola.
então enteal esticou
a língua estirou a faca
e voou pro topo de um
edifício em construção.
ainda arfando mostrou-se
aplicado se aplicando.
foi daí que o globo ocular
deu a volta. globo ocular
rei da revolta reviravolta
que vai e volta.

TRIP TROPA

capitaneando a nau capitânia orlando compartilha
compartimento com diva divina corista de revista
orgias a bombordo o litoral aponta farol canhão
lunetas disparates o barco é ferido no nariz e faz
água orlando dá ordem a desordem embarcando
a tripulação no submarino para casos como esse
no bico do colosso semiafundado orlandes barriga
encolhida farda de gala assovia o hino da esquadra
e pula. o resto da nau eram bolhas. rio maracanã
banheira de dona moema largo do boticário praias
cariocas o dirigível estaciona numa sarjeta sórdida
de niterói pegam a barca pro rio orlando asseclas
partner desviam a cantareira rumo à lagoa rodrigo
dos peixes exilados com falta de ar e área. barcarola
ancorada os tripulantes raptados são atirados aos
tubarões de mandíbulas os reféns pra trabalhar e
a trip tropa trota corte cantagalo acima abaixo na
final visita cordial ao pequeno canto do céu que
ela veio pra se lembrar.

bunda mole e dedo duro tanto treme quanto entrega

DELÍRIO PURO

quanto mais louco
lúcido estou

no fundo do poço
que me banho
tem uma claridade
que me namora
toda vez que
eu vou ao fundo

me confundo quando boio
me conformo quando nado
me convenço quando afundo

no fim do fundo
eu te amo

DIÁRIO D'ORLANDO

que horas são?
que dia é hoje?
onde é que eu tô?
que m'importa?

DIA PRIMEIRO E ÚLTIMO

perdi o medo
perdi o metro
acho graça

NOTA FISCAL

através desta, fica comprovada a compra
das seguintes almas:

orlando tacapau
olívia talalarga
beto biribola
mara fragrância
neura inflamável
francisco miranda
olavo bravo
alzira namira
flor do pardieiro da vida
                              satã

APRESENTAÇÃO

num banco de praça estava eu repousando esses dias
quando chegou correndo um cara e berrou:
— orlando é você.

junto à minha orelha esquerda.
disse eu:
— erro seu, meu irmão. orlando é você.

tava nisso. orlando passeando por acaso passeava e
murmurou:
— orlando sou eu. aqui está meu cartão.

GRACIAS

não podia deixar de agradecer
à oportunidade desse ensejo
às máquinas fotográficas
às máquinas de escrever
às vitrolas aos radinhos de pilha
ao duco às tesouras
a plástica letraset
aos gibis às peladas
às mulheres à jovem guarda
à velha guarda à guarda vermelha
e a todas as coisas
que me ligam
a você

MUITO PRAZER, RICARDO

(1971)

para corações apaixonados

AS PALAVRAS

novo lançamento Estrela

PRIMEIRO EU QUERO FALAR DE AMOR

meu amor se esparrama na grama
meu amor se esparrama na cama
meu amor se espreguiça
meu amor deita e rola no planeta

?????

a uma interrogação indaguei:
— qual é?
— sei não.
— vive só?
— crio dúvidas.
— tranquila?
— instável. uma gangorra. um tobogã.
— por onde vou??
— não sei.
— posso passar?
— responda: quem me entortou?
— o vento da procura.
— onde posso achá-lo?
— venha comigo. ele sopra às minhas costas. vou segui-lo até o fim.
— ô menino. não treme? o caminho desse vento se perde na história do homem. tua vida é rasa.
— corta meus pés e não ando. reprime a minha curiosidade e me mata. fim de papo. querendo se encontrar, me segue. senão, té mais.
— vamos menino, quero ser tua companheira.
— sem ilusão. um dia eu mato você, iluminado.

GARGALHADA

uma gargalhada num canto da sala
nervosa
de unhas roídas
estalou e rolou
nos aposentos
como se a alegria
tivesse sido convidada.
mas não foi.

é que houve um mal-entendido.

SÓTÃO

o sótão ficava entre o céu e o inferno.
uma escada nos ligava ao banheiro e ao mundo.
degraus silenciosos.
o telhado mostrava seus segredos
de um buraco eterno no teto.
um armário com todos os livros/chaves
guardava cumplicidade e cupins ruminados.
os filhos malditos disfarçavam en/cruz/ilhadas
bem queimadinhos.
o sol amanhecia esperanças
amarelas e vermelhas nas janelas antigas.
e a vida foi vivida como manda o figurino.

COMO É BOM SER UM CAMALEÃO

quando o sol está muito forte,
como é bom ser um camaleão
e ficar em cima de uma pedra espiando o mundo.
se sinto fome, pego um inseto qualquer
com minha língua comprida.
se o inimigo espreita, me finjo de pedra
verde, cinza ou marrom.
e, quando de tardinha o sol esfria,
dou um rolê por aí.

RÁPIDO E RASTEIRO

vai ter uma festa
que eu vou dançar
até o sapato pedir pra parar.

aí eu paro
tiro o sapato
e danço o resto da vida.

PICADINHO

esta é uma canção
de fazer o coração
em pedaços.
todos chorando
com o coração
em pedacinhos.

NA PORTA LÁ DE CASA

na porta lá de casa
tem dizendo lar romi lar
uma bandeira de papel
na porta lá de casa
as crianças passam
e se atiram no chão
e se olham por dentro
das bocas das palavras
na falta de qualquer espelho
na porta lá de casa
passa o amor o calor
de cada um que passa
na porta lá de casa

PREZADO CIDADÃO

colabore com a lei
colabore com a Light
mantenha luz própria

PLÁSTICAS EMBALAGENS

embalobarato
embalobalofo
embaloabala

embalagens plásticas

IN-CONSTANTE

a 1
a 2
a 3 x 4

PONTO DE BALA

os mortos tecem considerações
os tortos cosem quietos
as crianças brincam
e bordam desconsiderações

20 ANOS RECOLHIDOS

chegou a hora de amar desesperadamente
                         apaixonadamente
                          descontroladamente
chegou a hora de mudar o estilo
              de mudar o vestido
chegou atrasada como um trem atrasado
mas que chega

AI DE MIM, AIPIM

— ai de mim, aipim!
— ô inhame, a batata é uma puta barata. deixa ela pro nabo nababo que baba de bobo. transa uma com a cebola.
— aquele hálito? que hábito? me faz chorar.
— então procura uma cenoura.
— coradinha, mas muito enrustida.
— a abóbora tá aí mesmo.
— como eu gosto de abóbora.
— então namora uma.
— falô. vou pegar meu gorrinho e sair por aí pra procurar uma abóbora maneira. té mais, aipim.
— té mais, inhame.

VERÃO

revoada
cabeleiras cambalache
andarilha
na trilha do sol

PAPEL DE PAREDE

o papel de parede
o papel a parede
o papel da parede
o papel na parede
a parede di papel
a paredi o papel
aparede nu papéu

todo esse tempo
o papel de parede

CIDADE ANTIGA

a bisnaga de ontem
a broa de anteontem
o tatu dormido

PAPO DE ÍNDIO

veio uns ômi di saia preta
cheiu di caixinha e pó branco
qui eles disserum qui si chamava açucri
aí eles falarum e nós fechamu a cara
depois eles arrepitirum e nós fechamu o corpo
aí eles insistirum e nós comemu eles.

SORTE

hoje deu meu número na roleta da vida

DIAS DE MESCALINA

agora vai pra casa, descansa.
amanhã terás um dia feliz
como são os dias de mescalina.

grato pela tensão dispensada.

UMA HISTÓRIA À MARGEM

(2010)

1. TAXIANDO

[*B.O. Escutamos a voz do ator no fundo do palco*]

Escuro. Frio. Madrugada. Silêncio. Um-motor-ligado. Só ele e o silêncio frio da madrugada. Um carro me esperando para a longa viagem. Para dentro da minha memória em busca de mim. Quem é eu? Quem sou mim? Se você der três pulinhos e pedir pra São Longuinho, a memória, que você perdeu num jogo na noite anárquica, a memória, ela, pode aparecer? Nica era o nome dela? Ou Dico?
Um-motor-ligado. A porta do carro fecha. O motor acelera. O carro parte. Silêncio. Não fui naquele carro. Ou fui? O som é sempre um clarão no escuro do silêncio. O silêncio não aparece. Nada aparece. Apenas o-motor-ligado me esperando para a longa jornada. Uma tumultuada, uma indecifrável jornada para dentro de mim. Da linguagem. Da minha linguagem. Da minha vida.

Um-motor-ligado me espera no silêncio da noite. Uma porta de carro que fecha. O carro parte. E risca o silêncio. Acende a linguagem. Eu continuo aqui. Ou não?

[*Entra "Carolina" de Chico Buarque na gravação voz e violão de Caetano Veloso. A luz sobe e vê-se o ator no centro do palco com uma cabeça de touro, dançando um sambinha minimalista*]

2. BRASIL ANOS 1970
[*O ator tira a máscara, vai até o fundo do palco, acende uma luz e coloca "Vicious" de Lou Reed numa vitrola portátil em cima de uma mesinha de camelô. Ouve o som, desliga a luz e começa*]

Um power trio de quatro ou cinco flutua pelas ruas do Rio. Charles, leitor de Pessoa e Maiakóvski, poeta movido a álcool, um beat de Copacabana. Virgínia, grande dama da nossa baixa sociedade, uma querida absoluta. Guilherme, professor de História, o crânio, filmando tudo em Super-8. E eu, fã de Guimarães Rosa e filmes de aventura. O rock nos atravessa enquanto bailamos baganas no raciocínio inhoque da média luz varando as madrugadas.
A poesia, nosso capitão Virgulino, volta e meia cospe fogo. Charles: "sou o que amo mais o que minto". Eu: "Prezado cidadão: colabore com a lei, colabore com a Light. Mantenha luz própria". Guilherme: "que não seja o medo da loucura que nos faça baixar a bandeira da imaginação". Virgínia, deliciosamente ligada, sobrevoa a tudo divertida. Enquanto isso, da cozinha, vem um cheiro irresistível de pão-de-alho.

Brasil 1970, entre gritos de gol pelo tricampeonato do México e uivos de dor de presos políticos sob tortura, a vida é um terror. Quem tem um mínimo de senso de justiça social, vai à luta com as armas que tiver à mão. [*O ator pega um livro de Oswald de Andrade na mesinha.*] Charles um dia me passa um livrinho. Oswald de Andrade. O antropófago-mor. Fiquei três dias boquiaberto. Enfim, o poema enxuto, o poema engraçado, o cinepoema. E os manifestos! Só a antropofagia nos une! O carnaval no Rio é o acontecimento religioso da raça! Alegria é a prova dos nove no matriarcado de Pindorama! Queremos a revolução caraíba! Queremos a revolução caraíba! Queremos a revolução caraíba!

3. COMÍCIO RELÂMPAGO
[*O ator pula em cima de um cubo metálico no fundo do palco e fala ao megafone. Vozerio da multidão*]

Rua Santa Luzia, centro do Rio. Comício relâmpago! Vladimir Palmeira, presidente da UBES, pula num poste, brada meia dúzia de palavras de ordem, incendeia a galera e vaza! Só a luta armada derruba a ditadura! Povo unido jamais será vencido! Abaixo a Reforma Universitária! Comício relâmpago: a síntese, a urgência, a convicção daquilo que se fala! Levei comigo! Todo poeta é um traficante de armas! Todo poeta é um traficante de armas! Todo poeta...

4. MUITO PRAZER, RICARDO
[*O ator vai até proscênio*]

— E aí, Guilherme, quanto tempo! Como vai essa imensidão?

— Beleza, Chacal, mas vamos direto ao assunto. Você e o Charles estão cheios de poemas nos cadernos, nas gavetas, nas janelas do crânio. Tá na hora de botar isso na rua!

[*O ator senta-se num pierzinho de madeira e junta algumas folhas de papel*]

— Vamos nessa, professor. A rapaziada tá dando a maior força. Mas como é que faz? Vou numa editora?
— Que mané editora! Lá no curso que dou aula, tem um mimeógrafo. Um mimeógrafo para rodar provas, apostilas e panfletos do movimento. Vamos rodar os livros lá. "E não vamos deixar letra sobre letra no final dos poemas." Morou?
— Demorou, Guilherme. Mimeógrafo! Mimeógrafo! Por que não? Precário como a vida da gente. O que importa é o poema. Bora nessa, Guilherme.
A vida é curta pra ser pequena!

[*Pega um grampeador e grampeia as folhas que juntou*]

Meu primeiro livro, *Muito prazer, Ricardo*. Tiragem 100 exemplares. Charles fez o dele: *Travessa Bertalha, 11*.
E saímos distribuindo os livros de mão em mão, na faculdade, na rua, nos bares, em portas de shows, na praia, isto é, no Píer.

5. O PÍER

[*Volta ao Píer, estende um lençol azul, senta e liga um gravador cassete com o barulho do mar*]

A onda do verão de 1972 é o Píer. "Utopíer" para os íntimos. Tava todo mundo no Píer. O Píer é a praia. Em frente à rua Farme de Amoedo, em Ipanema, construíram um emissário submarino. A areia retirada do fundo foi depositada à beira da praia, formando castelos de areia, dunas maravilhosas. O mar subiu e levantou ondas perfeitas. Os surfistas vieram do Arpoador. Ali podia se encontrar uma tribo delicada, delgada, dourada, drogada, peluda, felpuda, cabeluda.
O lugar ficou conhecido como "Dunas do Barato".
O Píer era a praia da contracultura no Rio. Ali se namorava. Ali se discutia. Sexo, drogas e rock and roll. Mais se praticava do que se discutia. Ali tudo podia. Menos caretice. Rolava um certo mal-estar entre quem não via o mundo girar e tratava o corpo como um subalterno e a rapaziada que zelava pela saúde do corpo e o delírio do planeta.
Não sou, nunca fui, um intelectual. Gostava de ler mas foi a televisão e a lisergia que moldaram esse meu entendimento fragmentado, descontínuo, sem início, meio e fim. Uma percepção poética. Atormentado pela dislexia e pelo pensamento lógico, colocava o *Muito prazer* debaixo do braço e ia pro Píer, dar meu mergulho. [*O ator entra embaixo do lençol azul.*]
Um dos livrinhos caiu nas mãos de Waly Salomão. Waly era pura pilha. Um incontinente verbal. Ouvi-lo era uma

pândega, um privilégio. Ele carregava o palco no bolso.
Onde ele estava, fazia a cena.

[*O ator levanta do lençol e o transforma num "parangolé"*]

Esbarrava com Sailormoon na rua, em Ipanema, próximo
ao Pizzaiolo, o Baixo da época. Ele gesticulando de um lado
pro outro, entoava anjo exterminado:

[*O ator canta*]

Quando você passa 3, 4 dias desaparecida / me queimo
num fogo louco de paixão / ou você faz de mim / alto
relevo no seu coração / ou não vou mais topar ficar deitado
/ moço solitário, poeta benquisto / até você tornar doente /
cansada, acabada das curtições otárias / quando você passa
3, 4 dias...

6. TORQUATO

Waly leu meu livro, gostou e publicou um texto sobre o
Muito prazer na coluna de Torquato Neto. Torquato era
leitura obrigatória. "Geleia Geral", sua crônica diária no
Última Hora, mapeava todo o movimento underground da
época. Política cultural explícita. "*Escute, meu chapa: um
poeta não se faz com versos. É o risco, é estar sempre a
perigo, sem medo. É inventar o perigo e estar sempre*

recriando dificuldades pelo menos maiores, é destruir a linguagem e explodir com ela. Quem não se arrisca, não pode berrar." Radical até a medula, Torquato sabia como ninguém o que Maiakóvski queria dizer com "sem forma revolucionária, não existe arte revolucionária". E como Vladimir, Torquato se matou cedo demais.

[*O ator canta*]

Em Mangueira quando morre um poeta, todos choram / Vivo tranquilo em Mangueira porque / sei que alguém há de chorar quando eu morrer...

[*Escuta-se um toque fúnebre que vai virando um frevo de trio elétrico. O ator se transfigura. Coloca uma echarpe, pinta a boca, descasca e come uma banana*]

No carnaval da Bahia, encontrei Torquato encapetado na avenida Sete. Ele travestido, com a boca pintada e os olhos injetados. Torquato, o cara que vivia pela sete, no limite da vertigem, entre o vício e a virtude. Ele me convidou para participar da *Navilouca*, revista que reuniria a nata da experimentação. Waly, Hélio e Torquato, Décio, Haroldo e Augusto, Ivan, Lígia, Caetano, Rogério e Duda [*Repete uma ou duas vezes, como se fosse a escalação de um time de futebol.*] Era a turma da pesada me dizendo "vamujunto". E eu dizendo: "vamunessa". Era a turma da pesada me dizendo "vamujunto". E eu dizendo: "vamunessa". Era a turma da pesada me dizendo: "vamunessa".

7. CAMBURA BLUES

[*O ator vai até a vitrolinha e coloca um remix do* Bolero de Ravel]

Uma noite, Charles e eu fomos ver um show de Hermeto Pascoal na Lagoa. Tomamos uma lasca de LSD. O show, que já seria legal sem aditivos, com aquela partícula se transformou numa epifania. Saímos em estado de graça, delirando pela noite e de repente estávamos às portas das "portas da percepção". A máquina do mundo surgiu "majestosa e circunspecta / sem emitir um som que fosse impuro / nem um clarão maior que o tolerável". Ela se abriu e nos chamou pra entrar. Mas nós, humanos, demasiadamente humanos, covardes, frágeis, vacilões, tiramos uma tangente e fomos para o Café e Bar Paris, um pé-sujo na rua Visconde de Pirajá, e pedimos uma cerveja para baixar a onda. Aí para um camburão na porta do bar. Digo pro Charles: "Fica frio. Não é com a gente. Temos o corpo fechado". Vieram justo em cima de nossas cabeludas presenças. Pediram documentos. Charles, com os documentos em dia, se livrou. Eu mostrei uma carteirinha do IBEU, rasgada, amassada e sem foto. O policial olhou aquele trapo. Não acreditou. Olhou de novo. Acreditou menos ainda. Eu argumentei "Policial, estou viajando, tirando passaporte para o lado de lá". Então aquele legionário do Império de Plutão abriu a boca e disse: "E o pro-to-co-lo?". Pro-to-co-lo. Aquela palavra caiu como uma bigorna no meu pé. Falei: me leva. Virei a cerveja num gole e fui parar na traseira do camburão.

[*O ator, cantarolando "Purple haze", do Hendrix, vai sentar no camburão, a caixa aramada, no fundo do palco, com uma luz vermelha piscando dentro*]

O Brasil era o fim do mundo. A delação era premiada. Todos eram suspeitos. Paranoia máxima. A repressão varrendo as ruas. Agora em cima dos cabeludos que fumavam demais, que curtiam demais.
Depois de umas quatro horas sacolejando no camburão, junto com um velho pneu, tentando inventar um texto para falar com o delegado, achei que já tinha passado o efeito do ácido. Quando o carro parou na delegacia do Leblon, seis da manhã, o dia amanhecia. Abriram a porta traseira e... luz, luz, luz! Raios ultravioletas incidiram sobre minhas retinas. Tudo purple. O ácido bateu tudo de novo. Tudo purple. Entrei para falar com a autoridade. Tudo purple.

Quanto mais louco
lúcido estou

no fundo do poço
que me banho
tem uma claridade
que me namora
toda vez que
eu vou ao fundo

me confundo quando boio
me conformo quando nado
me convenço quando afundo

no fim do fundo, autoridade máxima
eu te amo

Sorte a minha que Charles acionara meu pai, Marcial Galdino, campeão carioca pelo Fluminense em 1936, que já tinha resolvido tudo com o delegado. Fomos embora. Mas duas coisas eram certas a partir dali: eu não tinha o corpo fechado e precisava sair do país.
Os amigos embarcando pra Europa do jeito que podiam, a pé, a nado, de cargueiro, de avião, do jeito que fosse. Eu também queria ir. Fiz um livro: *Preço da passagem*. Trinta e duas folhas soltas e muitas colagens dentro de um envelope. Mil exemplares em mimeógrafo eletrônico. Vendeu pouco. Se dependesse disso, não viajaria. Meus pais sentiram meu drama e inteiraram a passagem. Fui.

8. LONDRES
[*O ator coloca "Should I stay or should I go", do The Clash, na vitrolinha. Coloca uma barba postiça na cabeça e desenrola uma passadeira vermelha em frente à mesa de madeira*]

Londres, outono de 1972. Fui recebido por um tapete vermelho de folhas caídas na calçada. London, London... Enfim podia relaxar, curtir em paz. E caminhei no Hyde Park, no Holland Park. Circulava todo sábado por Portobello, uma feira de antiguidades com pessoas de roupas e cabelos bizarros e nas esquinas, rodinhas de

jamaicanos ouvindo o reggae ainda nascente. Vi muitos shows: Rolling Stones, Led Zeppelin, The Who, Traffic, Jethro Tull, Frank Zappa, Humble Pie, Sly and Family Stone. Mas o que mais me marcou foi um festival internacional de poesia.
Queen Elizabeth Hall. Teatro lotado. Todos os poetas, primeiro, segundo e terceiro mundo, muito solenes, formais, lendo seus poemas de paletó e gravata. Até que entra Allen Ginsberg, lenda viva da poesia beat americana. De macacão jeans, muleta, perna engessada, barba desgrenhada, senta numa cadeira e começa a uivar.

[O *ator coloca a barba e fala* Uivo, *em delírio*]

I saw the best minds of my generation destroyed by madness, starving hysterical naked, dragging themselves through the negro streets at dawn looking for an angry fix, hipsters com cabeça de anjo ansiando pelo antigo contato celestial com o dínamo estrelado da maquinaria da noite que foram expulsos das universidades por serem loucos & publicarem odes obscenas nas janelas do crânio, sonhando com álcool, drogas, caralhos e intermináveis orgias.

Caralho. Aquilo podia? Era aquela dicção que eu procurava para falar meus versos. Já podia voltar. E voltei com um livro na cabeça: *América*.

américa amem
me ensinou a ser assim

antropofágico pagão
um fauno de calça lee

américa amem
nosso desespero
nossa paixão
imensa

9. CHARME DA SIMPATIA
[*O ator sai da passadeira vermelha e vai para a boca de cena*]

No Brasil, a fila tinha andado. Livrinhos mimeografados, jornais e revistas piratas, camisetas com poemas impressos, cruzavam o país de cima a baixo, nas mochilas e nos corpos dos andarilhos viajantes, numa rede pré-internet. Encontro Antônio Carlos de Brito, Cacaso, grande articulador da poesia marginal. Ele tinha gostado dos nossos livrinhos e do jeito informal de distribuir. Criou a Coleção Frenesi. Cacaso batia uma bola redonda. Fizemos amizade. E organizamos juntos a Coleção Vida de Artista. Ele escrevia coisas como:

O táxi para na esquina e meu
coração está calcinado
A paisagem é impecável no seu
espetáculo simétrico e lento. O sol cochila.
Do outro lado da rua e de mim
o mar deságua em si mesmo.

Na sequência entra em cena a Nuvem Cigana [*um rufar de tambores*]: um bloco de poetas, arquitetos, funâmbulos, fotógrafos e arruaceiros. A Nuvem, de 1975 a 80, editou mais de dez livros de poesia, calendários, almanaques. Deu consistência àquele frágil movimento dos poetas. A Nuvem Cigana, em plena ditadura, circulava pelas artérias da cidade, espalhando artimanha, carnaval e delírio. "*Enquanto houver bambu, tem flecha*" clamava Ronaldo Bastos, um dos fundadores do grupo. "*Firme no leme que a reta é torta*", dizia Luís Eduardo Resende, poeta e artista plástico do grupo.
Toda quinta, bola rolava no Caxinguelê e ali, depois da pelada, a ala dos compositores do Bloco Carnavalesco Lítero-Musical Euterpe Charme da Simpatia, braço alado da Nuvem, desfilava seus sambas:

[*O ator canta à capela sambando miudinho*]

Quero ficar pelado / eu não quero nem saber / nesse carnaval eu vou sair assim / tô maluco pra você / eu vesti roupa o ano inteiro / fiquei direito / tive até reputação / mas esse ano estou de luto / fiquei maluco / essa é a decisão / se você não aceitar / essa minha resolução / deixa isso para lá / aproveita o visual / que eu tô muito doidão / quero ficar peladão.

10. PAPO DE ÍNDIO

[*O ator tira a camisa. Faz marcas no rosto com esparadrapo, coloca um cocar. Fotos do Cacique de Ramos são projetadas sobre o corpo do ator*]

Então começamos a falar os poemas. O Rui Campos da Livraria Muro convidou a Nuvem Cigana para armar uma mostra de arte. Festa era com a gente. Mas ninguém sabia como falar os poemas. Faltavam modelos. A referência de poesia falada que se tinha não servia. Ela remetia aos saraus parnasianos, solene, de paletó e gravata. Mas a gargalhada de Ginsberg bulia ainda dentro de mim.

Então começou a função. Uma das primeiras atrações era o audiovisual de Carlos Vergara sobre o Cacique de Ramos. Ali no escurinho da livraria, só a rapaziada. A batucada tomava minha cabeça, já tomada pelo Alert Limão, poderosa mistura inflamável. A gargalhada de Ginsberg se juntava ao coquetel. Falei: é agora. Meio possuído, sem nada programado, invadi.

veio uns ômi di saia preta
cheiu di caixinha e pó branco
qui eles disserum qui si chamava açucri
aí eles falarum e nós fechamu a cara
depois eles arrepitirum e nós fechamu o corpo
aí eles insistirum e nós comemu eles.

A palavra já coçava há muito tempo no céu da boca.
E foram entrando um a um os poetas, sem nada combinado. Charles, Bernardo, Ronaldo, Lobato, Paulinho, Guilherme e outros. A voz voltava a potencializar a palavra. O poema ganhava corpo. Descobri naquele momento que tudo que eu queria nessa vida era viver de poesia. E estava aberta a temporada da poesia propriamente dita.

[*Fala "Uma palavra escrita", "Bendita palavra maldita" e "Jabu"*]

11. ASDRÚBAL TROUXE O TROMBONE

Eu nunca vi nada igual. Energia do cão. Teatro, circo, rock, pândega, viagem. Um dream team, dirigido por Hamilton Vaz Pereira. Eles tinham um extraordinário sucesso em cartaz: *Trate-me leão*, criação coletiva que falava da vida como ela é para um jovem urbano. Enquanto a crítica dizia que eles só falavam do próprio umbigo enterrado nas areias de Ipanema, em todo Brasil voltava gente da porta, noite após noite. A crítica só entende o que mora dentro da casinha. Alô alô crítica: McLuhan! McLuhan! Aldeia global, a classe média urbana, uma nova geração conectada na tv, no cinema, no crazy pop rock. O Asdrúbal falava com essa geração. Ou melhor, o Asdrúbal era essa geração.
Em 1977, eu lancei um livro chamado *Quampérius*, editado pela Nuvem Cigana. O Asdrúbal leu, gostou e me chamou

para escrever com eles a peça seguinte ao *Trate-me leão*. Fiquei muito feliz. E fui pra São Paulo junto com o grupo. Mas a peça nova não andava e eu ficava deprimido. E flanava pela Paulista. Era uma avenida que tinha alcançado a plenitude, sabendo harmonizar velhos casarões, prédios ultramodernos e o espaço entre eles. Uma noite, depois da apresentação, entrei em "delírio ambulatório". Fui a uma festa e daí para o Sujinho na rua da Consolação. Enquanto todos comiam, eu que quando bebo, não como, bebia, fumava e falava. E fumava, falava e bebia. E babava. Bebia, fumava e falava. E fumava, falava e bebia. E babava. Dia amanhecendo, eu segui. Sozinho e trôpego. Na rua Frei Caneca, passei por alunos entrando em um cursinho pré-vestibular. Jovens saudáveis, bonitos. Fiquei deprimido. Pensei em um discurso, o discurso do final do *Trate-me leão*:

No momento em que eu estou mais frágil, querendo saber das coisas, a escola dispõe de mim, horas por dia, cinco dias por semana, quatro semanas em cada mês, muitos meses em cada ano durante anos da minha vida. Mas eu estou começando a achar que essa escola vai perder um mau aluno. Não adianta reprovar o aluno se ele não quer brincar de cabra-cega como todo corpo docente espera. O que eu quero saber não está escrito nesse quadro-negro!
No momento em que eu estou mais frágil, querendo saber das coisas, a escola dispõe de mim horas, dias, meses, anos da minha vida. Mas não é sofrer menos o que interessa, e sim experimentar sentimentos de profundo prazer. Eu quero ser feliz. Eu não desisto da ideia de ser feliz. A necessidade

que eu, você e todos nós temos da vida não dá para ser aniquilada. A ferocidade é um compromisso terrestre!

[*Um punhado de purpurina vermelha voa pelos ares na contraluz*]

[*Rádio em off*] Chacal foi atropelado na avenida Paulista na manhã de 25 de novembro de 1978, em São Paulo. O poeta tentou atravessar a avenida Paulista com as pernas trocadas e foi pego em cheio por uma Brasília. Perfuração do pulmão, 3 dias em coma, dez na UTI, tornozelo avariado, maxilar fora do prumo. Mas Chacal está vivo e se recupera de seu acidente. Hoje à noite, no Morro da Urca, o grupo Asdrúbal Trouxe o Trombone fará a última apresentação do espetáculo *Trate-me leão*, para ajudar na recuperação do poeta.

12. CIRCO VOADOR
[*Som de tempestade. O ator fala ao megafone*]

evoé, cordões do arpoador! antes que nosso crânio se rache e de lá saiam marfagarfos amassadinhos, lailemos layla, bailemos belos. acionemos mais uma vez os botões dessa geringonça chamada vida para longe dos abrolhos. eu disse: abrolhos. está tudo sargaço. nevoeiro e vendaval. então, firme no leme que a reta é torta. o circo está aí para servir de ninho a seus ovos mais ousados, para servir de porto aos seus voos mais cascudos. o circo está aí. vai lá e pede licença!

[*O ator fala no proscênio*]

Eles chegaram e colocaram o circo no chão. Era o dia 31 de março de 1982, dezoito anos do golpe militar. E nós, ali, incapazes e impotentes para conter a fúria dos homens da Lei e da Ordem. O rapa baixou e, à marretada, colocou o circo no chão.
Eu percebi que ali a Indústria Cultural tomava conta. E o artista, de sujeito em busca da harmonia entre experiência e linguagem, passa a ser um provedor de conteúdos para a atrofia do cérebro.
A Utopia estava dominada.

[*O ator fala o poema recuando pela passadeira até a vitrolinha*]

então eu lhe pergunto
você gosta um bucadinho de mim?
e você me responde:
nem um naniquinho

aí je m'en fou
não sei o que faço
aí je m'en fou
não sei o que faço

você me analfabetiza monalisa
seu andar dândi seu olhar doidão
é four de ases na minha dupla de oito
fico tramando os treze pontos da sua loteria
mas você só dá zebra
é o goitacaz goleando o guarani no brinco da princesa

eu não paro de fumar
eu gosto muito de você
eu gosto muito de você
eu não paro de fumar

você pra mim é o susto é sapatilha
que apenas roça e destroça meu castelo de cartas
você é o pingo de um i cigano
você apenas tem sono e adormece
enquanto eu desgraçado varo as noites ladrando
feito um cachorro vadio

embora temporariamente arrasado
atravessarei todos os desertos
para mergulhar na piscina dos seus olhos

[*O ator arma o cirquinho de papel crepon azul em frente à vitrolinha, coloca uma bailarina de papel celofane que gira em cima da vitrolinha ligada. Acende uma lanterna, refletindo a sombra da bailarina girando sobre a tela de papel crepon na parte da frente da mesa de madeira. B.O.*]

Banduendes Por Acaso Estrelados, Para Quedas Do
Coração, Vivo Muito Vivo E Bem Disposto. Oficinas do
Asdrúbal no Parque Lage. Elas reuniam dezenas de jovens
brilhantes. Talento e formosura precisando de espaço para
decolar. Perfeito Fortuna, Márcio Calvão e Maurício Sette,
sacaram o lance e foram falar com as autoridades.
O Circo Voador abriu sua lona em 15 de janeiro de 1982.
No Arpoador. Lugar sagrado do Rio, berço do surf, onde o
vento faz a curva e as baleias vinham depositar seu óleo
libidinoso. Era o sonho de uma noite de verão. Ali o berço
da Blitz, do Barão Vermelho e de grupos de teatro e dança
como o Coringa e o Manhas & Manias. Eu editava o
Expresso Voador, jornal semanal do Circo, com Cafi e
Claudio Lobato, parceiros da Nuvem Cigana. Oficinas de
circo, teatro e dança de manhã e de tarde e no pôr do sol,
um dois, um dois, um dois, para a noite ficar infinita.
Romances nasciam e morriam como num passe de mágica.
No Circo, o sonho tinha acordado. Era possível trabalhar e
ter prazer ao mesmo tempo. A utopia era possível. A utopia
era viável, viável, viável...

13. ANOS YUPPIES

[*O ator no palquinho, de óculos escuros, ao som de
"Radioatividade", da Blitz*]

Good night, ladies and gentlemen. A juventude tem novos
ídolos: a Blitz. "Você não soube me amar" é chiclete de

ouvido. A velha relação homem/mulher agora em novas embalagens. OK você venceu com um refrão à la Beatles. Chopp e batata frita. O público e a Blitz. A fome e a vontade de comer. Compartilham esse maravilhoso mundo de prestobarbas e danoninhos, tamagochis e pokemons, de Xuxa, Angélica, Discoteca do Chacrinha e Top Tens. EEEEEEEEEEEE. Os shows são um frenesi de som e imagem. Em uma palavra: fe-é-ri-co. O que era proibido nos anos 1970, graças à abençoada indústria do entretenimento vira mercadoria. Todos querem consumir o proibidão. Assim como o rock, a poesia. Diga aí, Chacal:
— Melissinhas para todos! Melissinhas para todos! Lancei meus livrinhos dos anos 1970, na antologia *Drops de abril*. Batata. Duas edições esgotadas. Seis mil livros vendidos. EEEEEEEEE. Sucesso em todo Brasil. EEEEEEEEE. Aluguei um quarto e sala e comprei um telefone. EEEEEEEEE. Evandro Mesquita e Patrícia Travassos, parceiros de longa data, me convocaram e eu acompanhava a Blitz nas gravações, nas viagens. Fizemos músicas, vinhetas, revista em quadrinhos, álbum de figurinhas, kits promocionais, discos de ouro, prata e platina. EEEEEEEEE. Depois de 3 anos e 3 discos, a Blitz implodiu. Se manter no topo estoura os neurônios da qualquer um. — Ora, ora, vocês queriam o quê? Sucesso forever? A fila andou. Boa noite, passem bem. E vamos chamar nossos próximos convidados. O megahit do momento... Mas antes, nossos comerciais. No-ssos co-mer-ciais...

ande logo seja breve leve love
breve leve now ou never leve love
art art art pop
é melhor e dá ibope
pop pop pop art
antes que você enfarte
pop art é cultura
aproveite enquanto dura
pop art em toda a parte
agora também em marte.

pop art: use, abuse e descarte

14. QUEDA
[*Com o gravadorzinho com um vozerio barulhento debaixo do braço*]

Em 1986, no Rio, a performance entra em voga. Havia um espaço entre a mesmice do hit parade e a invenção. Apareceram uns grupos: Os Robôs Efêmeros, com Fausto Fawcett, apresentando um rap cyberpunk, a lendária Kátia Flávia, a Godiva do Irajá. O grupo Seis Mãos, com Barrão, Basbaum, Alexandre Dacosta, que inseriam um braço mulato numa boneca loura. A cirurgia não dava certo e eles embrulhavam a boneca em papel film. A dupla do barulho, Márcia X e Alex Hamburger que invadiram o show de John Cage na Sala Cecília Meireles.

Ele de patinete. Ela de velocípede para interagir com o músico.

Em 1987, surge o Barão com a Joana, em Ipanema. Casa noturna das performances. Eu fui chamado para ser diretor artístico. Pouca grana, cheio de problemas. Estava sem ar. Precisava relaxar. E eu não podia beber. Era diretor artístico, tinha que dar o exemplo. Todo mundo bebia, fumava, cheirava, menos eu. Tinha que dar o exemplo. Uma noite, programei uma performance do Hamilton Vaz Pereira. E gravei o Hamilton num gravador cassete. Minha "basement tape". Às quatro da manhã, passei pelo bar e o bar olhou pra mim. Ignorei, mas uma vodca não só olhou, mas piscou para mim. Fui lá tomar satisfação, tomei logo duas, três. Saí dali e fui para a boate Tarot, que ficava aberta a noite inteira. Lá encontro a galera. Eu, o gravador e a galera. A galera, eu e o gravador. Banheiro, fila, gerência. A segurança me expulsa da casa. Fiquei deprimido com aquilo. O dia amanhecia. O gravador embaixo do braço. Fui pra casa e passei pela praça Santos Dumont, onde havia nascido e sido feliz. Vovó, vovô, bola, babá. Vovó, vovô, bola, babá. Regredi. Em vez de voltar pra casa, pulei o muro do Jockey para ver os cavalinhos. Eu e o gravador. Fui apanhado e levado para a sala da segurança.

[*O ator adormece, acorda*]

— Caralho, que que ainda estou fazendo aqui? Abre essa merda. Não fiz nada a ninguém. Abre essa porra. Eu

preciso de ar. Você está me sufocando, seu merda. Abre essa porta, porra. Eu sou um poeta. Você é um segurança? Então, segura aqui! Vou te quebrar, caralho! Vou sair daqui agora, seu cuzão! Abre essa merda! Quer saber do que mais, não vou sujar minhas mãos com você. Eu sou poeta, vou voar daqui.
Joguei o gravador contra a parede e vi a fita cassete saindo do gravador em slow motion. Lentamente. Piu lentamente. Alucination Society. Vi a fita saindo de dentro do cassete e a voz do Hamilton dizendo: Vai pra casa, Chacal! Tu tá muito doidão!

[*Corre para cima do cubo metálico no fundo do palco*]

Me pendurei no parapeito. Tinha visto aquilo no seriado *A gata e o rato*. O mocinho pendurado no parapeito enquanto os bandidos reviravam o quarto do hotel. Gostava do Bruce Willis. Misturei as estações. Precisava de ar. O corpo foi pesando, pesando e eu querendo voar dali pra longe. Os seguranças ainda vieram, seguraram minhas mãos, mas meu corpo estava muito pesado, sufocado, humilhado. Minha mão foi escorregando... escorregando...

— lúcifer! lúcifer! retornai de onde vos exilastes diante da hipocrisia dos homens. vinde lá das entranhas das trevas nos dar tua luz, encarnada luz, único farol possível no meio do desassossego. lúcifer! lúcifer! retornai!

[*O ator pula de cima do cubo e caminha para o proscênio*]

Caí de uma altura de cinco metros. Com as pernas esticadas. O peso da coluna caiu todo na quarta lombar. Por um triz não perdi os movimentos. Acordei no Hospital Miguel Couto numa cama de tração. Prenderam minhas pernas e tronco e, com um aparelho de espichar, me esticaram. Depois me enrolaram em gesso da cintura ao pescoço. Fevereiro no Rio. Um calor senegalês. Eu paralisado numa cama na casa dos meus pais, regredidão. Pai, mãe, calor, gesso. Imobilizado, recebia visitas. Fausto me levou *O massacre da serra elétrica*. Pai, mãe, calor, gesso, massacre, serra elétrica. Pai, mãe, calor, gesso, massacre, serra elétrica.

Até que aparece uma amiga da minha irmã e me pergunta: por que você não respira pela barriga? Ajuda a descer a energia. Vai te dar um fio terra. Centramento. Vai, respira.

[*O ator coloca as mãos no chão e vai se erguendo lentamente*]

então uma onda de fogo e luz me aquece e ilumina e o louco lago se rasga. do seu leito seco, nasce um olho aceso que sabe onde pisar. sim, senhor das trevas, agora acredito na força das imagens primordiais. sim, pastor da noite, tenho fé nas vozes que emergem das minhas vísceras. sim, mestre ctônico, agora olho as serpentes, os cães, os gatos, com o olhar luminoso de quem vê os encaminhadores. e todos rendem homenagem à luz que vem de onde não se vê, ao calor que brota das águas geladas. e todos tecem loas ao lendário andarilho vagabundo que crepita em toda lenha e repercute carnaval.

— lúcifer, senhor dos caminhos! iluminai nossas veredas. desencadeai a ígnea tempestade para que o mais humano entre os deuses, o mais santo entre os mortais, possa de novo caminhar à luz do dia, com seus chifres, cetro e rabo. lúcifer! lúcifer! imperai!

15. CEP 20.000

[*O ator vai para a boca de cena e dá um tom bem intimista ao texto*]

O cara faz 18, 19, 20 anos e tem o que falar. Vai lá e fala. Depois faz 28, 30 anos, vai cuidar da vida. Mas já tem nova galerinha tendo o que falar. E fala. O CEP é o primeiro palco de muitos poetas, músicos, atores e performers no Rio de Janeiro. O CEP é legal porque você entra no Espaço Cultural Sérgio Porto e fica em estado de CEP. No palco, na plateia, no bar, no banheiro, no camarim, no postinho. Ali se ama, se trama, se reclama, se declara. O CEP é feito de sangue, suor, risos e lágrimas da melhor parcela da garotada da zona sul carioca.
O CEP é o lugar da experimentação numa cultura que cada vez mais se guia pelo manual de boa conduta do mercado. Tudo muito adequado. No CEP não. Ali se delira. Ali a poesia explode a plenos pulmões. Ah, o CEP: só indo, só vendo, ouvindo, vivendo. Só indo, só vendo, ouvindo, vivendo.

[*Colagem de sons e imagens do CEP são projetados sobre o ator*]

Eu vi os poetas mais inspirados do planeta-Rio serem tragados pela noite nos alcoólicos anos 1990.
Eu vi incontinentes verbais falarem horas e horas a fio, fechando todos os pé-sujos do baixo gávea: hipódromo, dias santos, sagres, grande espanha, cinemascope etc.
Eu vi criaturas visivelmente alteradas invadirem, sôfregas trôpegas, o hospital miguel couto de madrugada em busca de um remédio que aplacasse sua sede de nicotina.
Eu vi o joe ficar pelado, berrar black sabbath, motocross, rock'n'roll, tocar gaita, perder a gaita, no solo sagrado do cep 20.000.
Eu vi os melhores crânios dessa geração, trêmulos, trôpegos, transfigurados em cima daquele palco, balbuciando apenas: eu existo, eu existo, eu existo.
Eu vi o Boato, o Saliva Voadora, a Boa Vem De Deus, o Dignos de Vaia, o Falapalavra, o 7 Novos, o Opavivará, o Plástico Bolha, o Madame Kaos, o Ratos Di Versos, o Bebendo Beats a um só sus, berrarem: se isso não é poesia, foda-se a poesia! o que importa é que isso é. eu sou. nós somos.
Evoé, camaradas!!! evoé, companheiros!!! evoé, malucos!!!!!!!!!!!!!!

[*O ator detona um lança confete que cobre o chão com pedacinhos de papel laminado*]

16. CANTANDO PRA SUBIR

Sessenta e cinco anos passam rápido. Eu vi uma ditadura militar aparecer e desaparecer. Eu vi a tirania do mercado se estabelecer. Vi o carnaval de rua do Rio voltar. Ban-ga-la-fu-men-ga. Toco o CEP, faço livros, vivo de poesia. Para o mundo acadêmico, sou um poeta descartável, de poucos recursos e baixo repertório. Para o mundo pop, um escritor, um intelectual, um crânio. E todos têm razão. Menos eu. Menos eu. Hoje já não me preocupo mais como vou viver. Apenas vivo.

[*O ator sai de cena cantarolando*]

Havia um cheiro estranho no ar / Alguma coisa ia acontecer / Não era um velório / Nem mesmo procissão / Quando uma batucada começou / O charme custou mas saiu / E esse samba ninguém mais segura / São muitos tambores brilhando na chuva / E pingos de lama manchando o cetim / O rei da tristeza não quer / Mas eu faço a poesia / Um dia eu invento a piada / O rei vai morrer de alegria.

FIM

Esta peça foi apresentada no Rio de Janeiro em 2012/2013. Posteriormente, em Pelotas, Campinas, Belo Horizonte, São Paulo, Frankfurt (2013) e na Harvard University (2014).
www.umahistoriaamargem.blogspot.com

autor/ator: Chacal
direção: Alex Cassal
luz: Andrea Capella
cenografia: André Weller
música: Rafael Rocha
arte: Cubículo
operador: Pedro Montano
produção executiva: Bárbara Fontana
produção geral: Tatiana Garcias

Referências:
p. 356: "Quando você passa...", música "Anjo exterminado", de Jards Macalé e Waly Salomão.
p. 357: "Em Mangueira quando morre um poeta...", música "Pranto de poeta", de Nelson Cavaquinho e Guilherme de Brito.
p. 358: "Majestosa e circunspecta...", poema "A máquina do mundo", de Carlos Drummond de Andrade.
p. 362: "O táxi para na esquina...", poema "No caminho da Gávea", de Cacaso.
p. 363: "Quero ficar pelado...", música "Quero ficar pelado", de Rogerinho.
p. 378: "Havia um cheiro estranho no ar...", música "Cheiro estranho no ar", de Paulinho Menor.

BIBLIOGRAFIA DE CHACAL

DO AUTOR

LIVROS

Muito prazer, Ricardo. Rio de Janeiro: Ed. do Autor, 1971 (2ª ed.: Rio de Janeiro: 7 Letras, 1997).
Preço da passagem. Rio de Janeiro: Ed. do Autor, 1972.
América. Rio de Janeiro: Ed. do Autor, 1975.
Quampérius. Rio de Janeiro: Nuvem Cigana, 1977 (2ª ed.: São Luís: Guarnicê, 1986; edição fac-similar encartada em *Belvedere (1971-2007)*, São Paulo/Rio de Janeiro: Cosac Naify/7 Letras, 2007).
Olhos vermelhos. Rio de Janeiro: Ed. do Autor, 1979.
Nariz aniz. Rio de Janeiro: Ed. do Autor, 1979.
Boca roxa. Rio de Janeiro: Ed. do Autor, 1979.
Tontas coisas. Rio de Janeiro: Taurus, 1982 (prosa).
Drops de abril. São Paulo: Brasiliense, 1983 (2ª ed., 1984).
Comício de tudo: poesia e prosa. São Paulo: Brasiliense, 1986 (2ª ed., 1987) (poesia e crônicas).
Letra elétrika. Rio de Janeiro: Diadorim, 1994.
Posto Nove. Rio de Janeiro: Relume Dumará/Rioarte, 1998 (prosa).
A vida é curta pra ser pequena. Rio de Janeiro: Frente, 2002.

Belvedere (1971-2007). São Paulo/Rio de Janeiro: Cosac Naify/
7 Letras, 2007.
Uma história à margem. Rio de Janeiro: 7 Letras, 2010 (prosa).
Murundum. São Paulo: Companhia das Letras, 2012.
Seu Madruga e eu. Rio de Janeiro: 7 Letras, 2015; Natal: Jovens
Escribas. 2015.
XXV. Natal: Jovens Escribas, 2015 (teatro).

POEMAS E PROSA EM ANTOLOGIAS E PERIÓDICOS

"Chegou a hora da escola de samba sair", de Chacal (prosa). *Verbo Encantado*, nº 17, Bahia, fev. 1972.
26 poetas hoje. Heloisa Buarque de Hollanda (org.). Rio de Janeiro: Labor, 1976.
"Artimanha: ardil, artifício, astúcia", de Chacal (prosa). *Malasartes*, nº 3, abr.-maio-jun. 1976.
Antologia da novíssima poesia brasileira. Gramiro de Matos e Manuel de Seabra (orgs.). Lisboa: Livros Horizonte, 1979.
Merenda escolar: um lance poético. Brasília: Edições Sóter, 1980.
Poesia contemporânea — Cadernos Poesia Brasileira. São Paulo: Instituto Cultural Itaú, 1997.
41 poetas do Rio. Moacyr Félix (org.). Rio de Janeiro: Funarte, 1997.
International Poetry Review — Brazil Issue. Greensboro: The University of North Carolina, Spring, 1997.
"O mundo e os nomes", de Chacal (prosa). *Ficções*, nº 2, Rio de Janeiro, 7 Letras, 1998.
Poesia hoje. Celia Pedrosa, Cláudia Matos e Evando Nascimento (orgs.). Niterói: EdUFF, 1998.

"Paisagens urbanas", "Poesia x vida: decifro-te ou devora-me", "A vida em vitro" e "Pedra na vidraça", de Chacal (prosa). In: PEDROSA, Celia (org.). *Mais poesia hoje*. Rio de Janeiro: 7 Letras, 2000.

Os cem melhores poetas brasileiros do século. José Nêumanne Pinto (org.). São Paulo: Geração Editorial, 2001.

Os cem melhores poemas brasileiros do século. Italo Moriconi (org.). Rio de Janeiro: Objetiva, 2001.

100 anos de poesia. Claufe Rodrigues e Alexandre Maia (orgs.). Rio de Janeiro: O Verso, 2001.

Boa Companhia — Poesia. São Paulo: Companhia das Letras, 2003.

Revista Azougue, nº 8. Rio de Janeiro: Azougue Editorial, 2003.

Inimigo Rumor, nº 17. Rio de Janeiro/São Paulo: 7 Letras/Cosac Naify, 2004.

Poesia Sempre, nº 18. Rio de Janeiro: Biblioteca Nacional, setembro 2004.

El Brasil de los '70: selección de poesía marginal. Diana Klinger (org.). Buenos Aires: Eloísa Cartonera, 2005.

Antologia comentada da poesia brasileira do século 21. Manuel da Costa Pinto (org.). São Paulo: Publifolha, 2006.

Para gostar de ler, v. 39 — *Poesia marginal*. Fabio Weintraub (org.). São Paulo: Ática, 2006.

Vijfentwintig keer Brazilië. Flora Süssekind (org.). Trad. de Harrie Lemmens e Bart Vonck. Gent: Poëzie Centrum/Europalia, 2011.

Viver juntos — Português — 8º ano. São Paulo: Edições SM, 2011.

Projeto Araribá Plus — Português — 6º ano. São Paulo: Moderna, 2014.

"Novas expressões para um novo mundo", de Chacal (prosa). *Palavra*, ano 6, nº 5, São Paulo, Sesc-SP, 2014.

Moderna Plus — Literatura — Tempos, leitores e leituras. Marcela
Pontara e Maria Luiza Abaurre (orgs.). São Paulo: Moderna,
2015.

Singular & Plural — Leitura, produção e estudos de linguagem. Laura
de Figueiredo, Marisa Balthasar e Shirley Goulart (orgs.). São
Paulo: Moderna, 2015.

Português: contexto, interlocução e sentido, v. 2. Marcela Pontara,
Maria Bernadete M. Abaurre e Maria Luiza M. Abaurre (orgs.).
São Paulo: Moderna, 2016.

Convergências — Português — 9º ano. Daniela Oliveira Passos (org.).
São Paulo: Edições SM, 2016.

Português: contexto, interlocução e sentido, v. 3. Marcela Pontara,
Maria Bernadete M. Abaurre e Maria Luiza M. Abaurre (orgs.).
São Paulo: Moderna, 2016.

ENTREVISTAS

Mapas urbanos I, DVD, direção de Daniel Augusto. São Paulo: Grifa/
GNT, 1998.

Dez conversas: diálogos com poetas contemporâneos, entrevista a
Fabrício Marques. Belo Horizonte: Gutemberg, 2004.

Coiote, nº 14, "Dossiê Chacal", entrevista a Ademir Assunção.
Londrina, maio 2006.

Jogo de ideias, entrevista à TV Cultura. São Paulo, 2006.

Festival de Poesia de Goyaz, vídeo, direção de Ricardo Carvalho.
Brasília, 2006.

"Contra o umbiguismo", entrevista a Miguel Conde. *O Globo*, Prosa
e Verso, 30/6/2007.

"Antologia pessoal". *O Estado de S. Paulo*, Caderno 2, 15/3/2009.
"O Baixo Gávea é aqui", entrevista a Paulo Werneck. *Folha de S. Paulo*, Ilustríssima, 22/8/2010.

REVISTAS (EDITOR)

Almanaque Biotônico Vitalidade. Rio de Janeiro: Nuvem Cigana, 1976-1977.
EncArte. Brasília: Correio Brasiliense, 1980.
Expresso Voador. Rio de Janeiro: Circo Voador, 1982.
Jornal do MAM. Rio de Janeiro: MAM-RJ, 1990.
O Carioca. Rio de Janeiro: Rioarte, 1996-1998.
Inventário/CEP 20.000/10 Anos. Rio de Janeiro: Rioarte, 2000.

TEATRO

Aquela coisa toda, Grupo Asdrúbal Trouxe o Trombone, 1979. (coautor).
Alguns anos-luz além, Grupo Lua Me Dá Colo, 1982 (autor).
Recordações do futuro, Grupo Manhas & Manias, 1983 (coautor).
Tontas coisas, Teatro Cândido Mendes, 1989 (autor).
Café Satie, direção de Stela Miranda, CCBB, 1999 (ator).
A vida é curta pra ser pequena, Espaço Sesc, 2003 (autor/ator).
Uma história à margem, direção de Alex Cassal, Espaço Sesc, 2013 (autor/ator).
XXV: 25 anos do CEP 20.000, direção de Cristina Flores, Espaço Sesc, 2015 (autor/ator).

MÚSICA

Entre 1975 e 2007 realizou parcerias com Blitz, Lulu Santos, Barão Vermelho, Mimi Lessa, Cabeça, 14 Bis, Fernanda Abreu, Arnaldo Brandão, Jards Macalé, Rogério Duarte, Duda Machado, Moraes Moreira, Nanico do Cavaco, Canastra, As Doidivinas, Rodrigo Maranhão, Felipe Schuery, Fernanda Porto, Ricardo Aleixo.

CINEMA (ATUAÇÃO OU DEPOIMENTOS)

Assaltaram a gramática: Francisco Alvim, Paulo Leminski, Waly Salomão e Chacal, direção de Ana Maria Magalhães. Rio de Janeiro, 1984.
Bruta aventura em versos, direção de Letícia Simões. Rio de Janeiro, 2011.
Chacal palavra filme, direção de Piu Gomes. Rio de Janeiro, 2015.
Chacal: proibido fazer poesia, direção de Rodrigo Lopes de Barros. Cambridge, 2015.
Cacaso na corda bamba, direção de José Joaquim Salles. Rio de Janeiro, 2016.
As incríveis artimanhas da Nuvem Cigana, direção de Paola Vieira e Claudio Lobato. Rio de Janeiro, 2016.

TELEVISÃO (ROTEIRISTA)

Armação Ilimitada, TV Globo, 1989.
Juba & Lula, TV Globo, 1989.
TVE Verão, TV Educativa, 1996.

SOBRE O AUTOR

ALVES, Alexandre. "Chacal: um poeta a 20.000 por hora". *Tribuna do Norte*, Natal, 14/3/2015.
ALVES, Igor dos Santos. *Quem quer saber de poeta na idade do rock? Chacal e a poesia além do livro*. Dissertação de mestrado, UFSJ, 2015.
ANGIOLILLO, Francesca. "Marginais em festa". *Folha de S. Paulo*, Ilustríssima, 27/7/2014.
ARAÚJO, Bernardo. "Grito de carnaval do Odeon agita a Cinelândia". *O Globo*, Segundo Caderno, 17/2/2001.
ÁVILA, Carlos. "Chacal muito legal". *Suplemento Literário de Minas Gerais*, Belo Horizonte, 4/11/1972.
CACASO. "Tudo da minha terra". *Almanaque*, nº 6. São Paulo: Brasiliense, 1978.
CAETANO, Wir. "Chacal mistura poesia, rock e funk na Bienal". *O Tempo*, Magazine, Belo Horizonte, 7/11/1998.
CHIARA, Ana. "Mallarmé & Chacal: 'um sentido mais puro à palavra da tribo'". www.academia.edu/23002240, 2016.

COHN, Sérgio (org.). *Nuvem Cigana: poesia e delírio no Rio dos anos 70*. Rio de Janeiro: Azougue, 2007.

COIMBRA, Cláudia Cristina. *Poesia e resistência: estilhaços de Chacal*. Dissertação de mestrado, PUC-SP, 2011.

COUTINHO, Wilson. "Um pouco do mundo no Paço". *O Globo*, Segundo Caderno, 21/6/2003.

ESTEVES, Camila Del Tregio. "Poesia marginal dos anos 1970: Chacal sob a perspectiva da identidade cultural". *UniLetras*, UEPG, v. 36, n° 2, 2014.

FALCÃO, Aluízio. "Os poetas da geração mimeógrafo". *O Estado de S. Paulo*, Caderno 2, 28/1/2006.

FAULHABER, Gabriel Moreira. *Memórias, contracultura e antropofagia em* Uma história à margem, *de Chacal*. Dissertação de mestrado, UFMG, 2014.

FERRAZ, Eucanaã (org.). *Poesia marginal: palavra e livro*. São Paulo: Instituto Moreira Salles, 2013.

GOMES, Renata Gonçalves. "Impressões marginais: Chacal e as vozes do periodismo brasileiro". *Darandina Revisteletrônica*, v. 3, n° 2, UFJF, 2010.

_____. "Olhos pardos e olhos vermelhos: Ana C. & Chacal". *Boletim de Pesquisa NELIC*, Edição Especial v. 3, 2010.

_____. *Meu nome é Chacal: a moldura e a poesia do poeta em periódicos*, Dissertação de mestrado, UFSC, 2012.

_____. "A nau dos tropicalistas: Chacal, poesia errante". *Ometeca*, v. 22, Ometeca Institute, 2016.

GONÇALVES FILHO, Antonio. "Chacal e Lobão, o encontro das feras". *O Estado de S. Paulo*, Caderno 2, 6/7/2007.

HOLLANDA, Heloisa Buarque de. *Impressões de viagem: CPC, vanguarda e desbunde: 1960/70*. São Paulo: Brasiliense, 1980.

_____. "Poetas rendem chefe de redação". *Jornal do Brasil*, Caderno B, 5/2/1983.

HOLLANDA, Heloisa Buarque de; MESSEDER, Carlos Alberto. *Poesia jovem — Anos 70*. São Paulo: Abril Educação, 1982 (Coleção Literatura Comentada).

JABOR, Arnaldo. Orelha de *Tontas coisas*. Rio de Janeiro: Taurus, 1982.

LEÃO, Tom. "Animal que não para". *O Globo*, Segundo Caderno, 23/7/2007.

LEMINSKI, Paulo. "Drops, a poesia sem gravata". *Folha de S. Paulo*, 6/11/1983.

LICHOTE, Leonardo. "Nuvem cigana ainda vagueia pelo céu do Rio". *O Globo*, Segundo Caderno, 25/6/2007.

MARQUES, Fabrício. "A poesia vira folia na fala rebelde de Chacal". *O Tempo*, Magazine, Belo Horizonte, 19/8/1997.

MEDEIROS, Fernanda. "Play It Again, Marginais". In: PEDROSA, Celia; MATOS, Cláudia; NASCIMENTO, Evando (orgs.). *Poesia hoje*. Niterói: EdUFF, 1998, pp. 53-68.

_____. "Artimanhas e poesia: o alegre saber da Nuvem Cigana". *Gragoatá*, nº 12, Niterói, EdUFF, 2002, pp. 113-28.

_____. "Afinal, o que foram as Artimanhas da década de 70? A Nuvem Cigana em nossa história cultural". *Estudos de Literatura Brasileira Contemporânea*, nº 23, Brasília, jan.-jun. 2004, pp. 11-36.

_____. *Chacal*. Rio de Janeiro: EdUERJ, 2011 (Coleção Ciranda da Poesia).

MEDEIROS, Jotabê. "Freezone leva rebuliço artístico à Barra Funda". *O Estado de S. Paulo*, Caderno 2, 7/8/2001.

MESSEDER, Carlos Alberto. *Retrato de época: poesia marginal, anos 70*. Rio de Janeiro: MEC/Funarte, 1981.

MOON, Scarlet. "Chacal, novo poeta novo". *Última Hora*, 29/7/1972.

OITICICA, Hélio. Trecho de carta agregado a SALOMÃO, Waly, "Cha-Cal", coluna Geleia Geral. *Última Hora*, 8/1/1972, reproduzido em *Verbo Encantado*, nº 17, fev. 1972.

PANIAGO, Paulo. "O dia do Chacal". *Jornal de Brasília*, 4/7/1997.

PIMENTEL, João. "O endereço da poesia". *O Globo*, Segundo Caderno, 25/8/2000.

_____. "As noites de Chacal". *O Globo*, Segundo Caderno, 11/7/2001.

_____. "Trinta anos esta noite". *O Globo*, Segundo Caderno, 25/1/2005.

PIRES, Paulo Roberto. "A Geração Baixo Gávea". *O Globo*, 20/4/1997.

POMPEU, Renato. "As coisas de Chacal". *Jornal da Tarde*, 23/10/1982.

REIS, Luís Felipe. "Palavra afiada". *O Globo*, Segundo Caderno, 2015.

RESENDE, Douglas. "Maldita palavra não dita". *O Tempo*, Belo Horizonte, 22/7/2008.

SALGUEIRO, Wilberth Claython Ferreira. "A dourada dor: leitura de 'Como é bom ser um camaleão', de Chacal". In: AMARAL, Sérgio da Fonseca Amaral; NASCIMENTO, Jorge Luiz do (orgs.). *Pensamentos, críticas, ficções*. Vitória: PPGL/MEL-UFES, 2008.

SALOMÃO, Waly. "Cha-Cal (carta a um jovem poeta)", coluna Geleia Geral. *Última Hora*, 8/1/1972.

SANT'ANNA, Sérgio. "Os subterrâneos da literatura". *Suplemento Literário de Minas Gerais*. Belo Horizonte, 4/11/1972.

SANTEIRO, Sérgio. "O vermelho e os olhos". *O Globo*, 25/10/1979.

santiago, Silviano. "Poesia jovem: roteiro de velhas vanguardas, à tropicália e ao marginal mimeografado". *Jornal do Brasil*, Livro, 20/12/1975.

santos, Marcio Renato dos. "Desbunde poético". *Cândido*, 12/8/2015.

tonelli, Luciana. "A língua solta de Chacal". *Pampulha*, 16 a 22/8/1997.

torquato neto. "Dois poemas de Chacal", coluna Geleia Geral. *Última Hora*, 29/2/1972.

ÍNDICE DOS POEMAS

ALÔ POETA (2016)
Alô poeta (1)	13
Alô poeta (2)	14
Alô poeta (3)	14
Alô poeta (4)	15
Alô poeta (5)	15
Alô poeta (6)	16
Alô poeta (7)	16
Alô poeta (8)	18
Alô poeta (9)	19
Alô poeta (10)	19
Alô poeta (11)	20
Alô poeta (12)	21
Alô poeta (13)	22
Alô poeta (14)	23

SEU MADRUGA E EU (2015)
"Ando assustado"	27
"Crise de identidade"	28
"Eu sou o Seu Madruga"	29
"Estando eu sentado em pé"	30

"Algum"	31
"Era quase amanhã"	32
"Tem um paspalhão"	33
"— Qual é, Seu Madruga?"	34
"Não sou índio, negro, nem gay"	35
"Fronteiriço, borderline"	36
"Mi quei"	37
"Olho no espelho"	38
"Hoje vou sair no Tchetcheca"	39
"Trânsito ininterrupto"	40
"Alguém porta um cartaz"	41
"— Alô... quem fala?"	42

MURUNDUM (2012)

Voz ativa	45
Aquilo que sobra	46
Pessoas físicas	47
Imagens da infância	48
Meio assim	49
Propércio e eu	50
Convite	50
Mariinha	51
O poema digital	52
Edificações	53
O amor venceu	54
Poema é uma carnificina	55
Ritmo x tempo	55
Motim	57
Na morada do poema	57

BELVEDERE (2007)

Sete provas e nenhum crime	61
Como era bom	62
Ser e não ser	63
Poema para ser transfigurado	64
Sobre o silêncio	65
New York	65
Spo3ma	67
Bem vinda	68
Malhas	69
Onde o sentido	69
ID	70
Dois ponto três Lisboa	71
Sentinela	72

A VIDA É CURTA PRA SER PEQUENA (2002)

Ouro Preto a pé	75
Ruas	79
O pão nosso	81
Agulhas	82
Navilouca	83
Eu e ela	84
CEP 20.000	85
Rio	87
Mirante do Leblon	88
Tempo	89
Bicho solto	90
A lata	92
Para-choque	93

Mameluco	94
Cidade	95
À rua	97
Mirabel	98
Noves fora nada	99
A coisa e o nome	100
Uri Geller	100
Leontina	101
Acredite se quiser	102
Tauromaquia	103
Bundamental	103
Ninguém é inocente	105
Sonhoníricos x burrovaldos	106
Cães	107
O gato	107
Domingo é dia de missa	109
Théo	109
Lúcifer Lúcifer	111
Estado de graça	112
Palavra corpo	113
Pequenino	114
Eu	115
Esse animal	115
Palavrório	116
Eucalipto	116
Pipeline	118
Velho	118
Língua	119
Amarela	120

O parto	121
Barco bleng	122
Ópera de pássaros	122
Hall	123
"Pello menos"	125
É hora	125
Obsessão	126
Tutuca	127
Purple	128
Fluminense 36	128
Modificado	129
Almanaque do pensamento fotografado	130
Ao que obra	130
Vamp	131
Azul	133
Ele & ela	133
Almas gêmeas	135
Exp	136
O outro	137
O beijo	138
A bolsa ou a vida	139
Culpado	140
Desperta!	141
Vida	141

LETRA ELÉTRIKA (1994)

Luz da manhã	145
Papagaio	146
Saúde	146

Quântico dos quânticos	147
Fala palavra	147
Animalâmina	149
Xadrez chinês	150
Pelos poros	151
Uh la lá	151
Entre	152
Quem asa	152
Sara	152
Alguns anos-luz além	153
Mina	154
Piscina revisitada	155
Encarnação	156
Na contramão	156
Alice	157
Amigo Luiz	157
Sócio do ócio	158
Ganso	159
Helpless	159
O pé e o pó	160
A língua lânguida	160
Rrrrrrr	161
Antimemória	161
Hum	162
Continuação	163
Diadorim	164
Ratazanas	164
Pinoia	165
Convalesço	166

Felicidade	167
Poema irado	167
D'après Vinicius	169
Engenho de Dentro	170
Release	171
Sobre poesia	171
A cor do som	173
A voz	173
Olho	175
Vendo tudo	176
Oxo	177
Sete sacis	178
Vento	178
Rimbaud	179
Na esquina	179
O auge do objeto rouge	180
Da mata	180
Yuppie	180
Tao	181
Chiste	181
Ñññ	181
Lúcifer	182

COMÍCIO DE TUDO (1986)

Chá e sorriso	187
Voyeur	188
Andreia androide	189
Estátua de sal	190
Curral de Deus	190

Negro coração	191
Frutas & feras	192
Distinto povo da terra	193
Jeep lunar	194
Caleidoscópio cinemascope	194
Pop art	196
Coisa	196
Coiote	197
Linhas traços	198
Camarim	199
Bermuda larga	199
G & D	199
Anatomia	201

DROPS DE ABRIL (1983)

Valhalla	205
Dentes de aço	206
Na jaula do aparelho	207
Cândida	209
Ministério do Interior	212
O cru ovo cozido	213
Número da paixão	213

BOCA ROXA (1979)

Duende	217
Carnaval	218
Solidão	218
Na beira da piscina	218
No correio	219

Pereketê	219
Revolução	219
Na Rodoviária Novo Rio	220
Jeep cabeludo	220
Formidável formiguinha	220
Boas maneiras	221
Pronto pra outra	221
Cara de caveira	222
Zoom in	223
Vida de artista	224
Ambulatório	224
Antigamente	225
A escola se remoça	225
Uma vassoura	225
Deixa pra lá	226
Bric à brac	226
Bumerangue	227
Alma de índio	227
Meu amor	228
Jogo duro	228
Avião	229
É proibido pisar na grama	229

NARIZ ANIZ (1979)

Papo pop	233
Uma rede uma roda	234
Com a cara e a coragem	234
Solo	235
Fogo-fátuo	236

No barco	236
Intolerância	237
Relembrando o catupiry	237
Girassol	238
"Um poeta não se faz com versos"	238
Outro papo	239
Cambaleantes	240
Jogo	241
O bilgodo	242
Garranchos	242
À Fiat Lux	243
Mundo ao avesso	243
Peça	244
OK + KO	244
De manhã	245
Onda	245
Cadê o cara?	246
Ontem	246

OLHOS VERMELHOS (1979)

Reclame	249
As mãos	250
Boa viagem	250
Divisa	250
Respeitável público	251
Babel papel	251
Preferência pessoal	252
Será que 80 vai dar pé pra mim?	252
Vento vadio	253

Estilo	253
Pingos & gotas	254
Regra de ouro	254
Bicicleta	255
Hindumentária	255
Garrincha	256
Gavetas e gaivotas	256
Melecas	257
Cartas de navegação	257
Tarol	258
Lírios no pomar	258
Grande Prêmio Brasil	259
Amor puro	259
Céu do subúrbio	260
Te miro	260

QUAMPÉRIUS (1977)

Quampérius vida e obra	263
Capricho	264
O cão	265
A tia surda	266
Só	266
Quampatour	267
Mar morto	267
Antropófago	268
Sátira satânica	269
Romã	270
Chotinha grelhada	271
Ah... o amor	271

Assalto	272
Ezequiel	273
Chuva	275
Malho	276
Abracadabracabradapeste	277
Quem?	283
Baralho	284
Sonhos	286
Lá lá lá	287
Lorotas	288
Trautâmia mutretorum	289
Dramaturgia	290
Chato e piolho	291
Grande corrida à Lua	292
Jabu	294
— Alô, é Quampa?	295
Licença poética	298

AMÉRICA (1975)

América amem	301
Afta	302
Espere baby não desespere	302
Desabutino	304
Buracos no céu	305
Guitarrinha ranheta	306
Prima	307
Sonidos	307
Ato um	309
Uma palavra	310

À geral 310
SOS 311
Meio-fio 311

PREÇO DA PASSAGEM (1972)
À margem 315
Ficha técnica 316
Cena longa 317
Falô 318
A casa 319
Valdo 320
Parada 320
Pra quê? 321
Tudo da minha terra 321
Hóspede do planeta 323
Carcaça 323
Sorria 324
Dias de 3º quadrante 324
Depoimento 325
Na biblioteca 326
Enteal 327
Trip tropa 328
Delírio puro 329
Diário d'Orlando 329
Dia primeiro e último 330
Nota fiscal 330
Apresentação 331
Gracias 332

MUITO PRAZER, RICARDO (1971)

Primeiro eu quero falar de amor	337
?????	338
Gargalhada	339
Sótão	339
Como é bom ser um camaleão	340
Rápido e rasteiro	340
Picadinho	341
Na porta lá de casa	341
Prezado cidadão	342
Plásticas embalagens	342
In-constante	342
Ponto de bala	343
20 anos recolhidos	343
Ai de mim, aipim	344
Verão	344
Papel de parede	345
Cidade antiga	345
Papo de índio	346
Sorte	346
Dias de mescalina	346

UMA HISTÓRIA À MARGEM (2010)

1. Taxiando	351
2. Brasil anos 1970	352
3. Comício relâmpago	353
4. Muito prazer, Ricardo	353
5. O Píer	355
6. Torquato	356

7. Cambura blues	358
8. Londres	360
9. Charme da Simpatia	362
10. Papo de índio	364
11. Asdrúbal Trouxe o Trombone	365
12. Circo Voador	367
13. Anos yuppies	370
14. Queda	372
15. CEP 20.000	376
16. Cantando pra subir	378

SOBRE O AUTOR

Chacal (Ricardo de Carvalho Duarte) nasceu no Rio de Janeiro em 1951. Seu livro de estreia, *Muito prazer, Ricardo* (1971), foi escrito após o impacto da leitura de Oswald de Andrade e é considerado um marco da geração mimeógrafo — assim chamada por difundir sua produção em meios inusuais para o mercado editorial da época. Em 1972, passa uma temporada em Londres, onde vê Allen Ginsberg recitar seus poemas em um auditório junto a outros poetas. A atitude, as roupas e o modo de recitar do autor de *Howl* contrastavam vivamente com a convencionalidade dos demais e foram decisivos para o tipo de atuação poética que um pouco mais tarde, retornando ao Rio, Chacal vai colocar em prática.
Entre 1975 e 1979, fez parte do coletivo de poesia Nuvem Cigana, que aproximava literatura e público em recitais conhecidos como Artimanhas. Participavam do grupo, além de Chacal e Charles Peixoto, os músicos Ronaldo Bastos e Bernardo Vilhena, entre outros. No mesmo período, surgia a poesia marginal, que revelou nomes como Francisco Alvim, Cacaso e Ana Cristina Cesar nas coleções Frenesi, Vida de Artista e Capricho. Em paralelo às atividades literárias, Chacal colaborou com o grupo teatral Asdrúbal Trouxe o Trombone, a banda Blitz e o Circo Voador, além fazer parcerias musicais com Jards Macalé, Lulu Santos, Fernanda Abreu e vários outros artistas.
Desde 1990, coordena com Guilherme Zarvos o Centro de Experimentação Poética, CEP 20.000, no Espaço Cultural Sérgio Porto, onde se apresentaram poetas e artistas de várias gerações.

Este livro foi composto em Sabon e Bell Gothic, pela Bracher & Malta, com CTP e impressão da Edições Loyola em papel Chambril Book 70 g/m² da International Paper para a Editora 34, em abril de 2021.